Sozialphilosophie des Wertverfalls
Basierend auf Charles de Brosses

価値転倒の社会哲学

—ド=ブロスを基点に—

石塚正英

社会評論社

はしがき

書名にある〔価値転倒〕とは、価値それ自体がどこかしらに転倒や仮想・擬制の内容を含んでいる点を言い当てている。人のおこないやそこから結果するものごとは、その成り行きを自然にまかせると両義性や交互性を発揮する。ジキル博士のような善人もときにハイド氏のような悪事をはたらく。親鸞のような他力の浄土僧もときに愚禿僧となって肉を食い異性（恵信尼）と交わる。それはけっしておかしなことではない。なぜなら、ジキル博士とハイド氏や浄土僧親鸞と愚禿僧親鸞は実は同じ人物であり、同一人物の内面にみられる相異なる両極的性格の間を、交互に動いているだけなのだ。しかし、そこに人為や作為を加えると、その片方が択りとられる。これが転倒・仮想・擬制の始まりである。

その際、人間精神が二つの相異なる両極的性格の間を、交互に動く現象ないしその構造を、本書では〔フェティシズム〕として一括する。ジキル博士にとってハイド氏はフェティシュな存在であり、ハイド氏にとってジキル博士は同じくフェティシュな存在である。一方が他方の代理とか陰の存在とかではない。〈フェティシュ＝代理〉論はフロイトの好きな構えであって、本書では採用しない立場である。ここで問題にするフェティシズムは、フロイトやラカンのフェティシズム論では解けない。この言葉＝術語を創始した一八世紀フランスの思想家シャルル・ド＝ブロスと、宗教の本質に関する講演でド＝ブロスと同様の議論を展開した一九世紀ドイツの哲学者ルートヴィヒ・フォイエルバッハに依拠してはじめて解明できる。

さて、フリードリヒ・ニーチェではないけれど、私のフェティシズム論は善悪の彼岸に設定されている。あるいはまた私の立場は、例えばマルキ・ド・サドの小説『美徳の不幸』の登場人物デュボアがもらす次のようなセリフに近い。「神さまがいつも美徳の味方だと思ったら大間違いよ、（中略）善を行使する人も、悪を行使する人も、神にとってはまったく無差別無関心な存在にすぎないのよ」。「だから問題は一方を捨てて他方につくということではなくて、普遍的な道を切り開くことでしかないのよ」。

美徳を肯定するも悪徳を否定するも、いずれにせよ固定した観点はフェティシズムの思想圏では精神運動の死をもたらす。そうではなく、そうした議論の場ないしはプロブレマーティクそのものを、本書を手にする人たちにぜひとも共有してほしいのだ。

ところで、ユダヤ教ではみだりに神の名を唱えてはならないという厳しい戒がある。だがイエスは「エゴー・エイミー」と、神の名を唱えて十字架上に刑死した。ユダヤ教徒は、なぜ己が神の名を口にしてはいけないのか。私はそこに、原初オリエント宗教における神への攻撃という儀礼との関連性をみている。宗教は、その原初的形態においては神への攻撃つまりフェティシズムを特徴としているのである。この問題はたんに宗教の成立にかかわるだけでなく、人類社会の形成そのものにかかわる。かのマルクスも、フェティシズムで以て資本（商品）を分析している。神への攻撃は転倒の再転倒で、これがフェティシズムの特徴である。本書では、①価値や地位をめぐる〔交互〕と〔転倒〕の概念説明、②古代フェニキアやユダヤにおける神的地位の〔転倒〕、③ド゠ブロスの『フェティシュ諸神の崇拝』に読まれるフェティシズム、④フレイザー『金枝篇』に読まれる古今東西のフェティシズム、⑤ヨーロッパ思想におけるフェティシズム論のヴァリエーション（ルソー・サン゠シモン・コント・ヘーゲルなど）を論述し、フェティシズムがもつ社会哲学上の重要性を解明する。例えば以下のようにして。

いまある新約聖書を完成されたキリスト神話と仮定しよう。そう思ってこれを読むと、その中に未だ完成されない段階のキリスト神話が散見されるのに気づく。ちょうど、旧約の世界でヤーヴェが一番賢く造ってやったはずの蛇に自ら裏切られたように、新約の世界では神の子イエスが、いや神のペルソナであるイエスが、自ら選んだ最愛の一二使徒の一人、イスカリオテのユダに裏切られるのである。創造主が被造物に裏切られる。これは実におかしい。新約を読むと、ユダの存在にかかわりなく、イエスは、あたかも自ら死を選んで、それを決意した上で最後のコミュニオーンに臨んでいると思われる。マルコの福音書に次の一文がある。「私の肉を食べ、私の血を飲む者は、いつも私の内におり、私もまたいつもその人の内にいる」（マルコ六・五六）。自らの肉体を食べ物として提供しようと、そこまで愛された弟子の一人ユダに、イエスはいともたやすく裏切られる。逮捕される直前イエスは、「先生こんばんは」と言うユダの接吻を受けている（マタイ二六・四八）。この行為も実におかしい。

ユダの裏切りがもつ奇妙さかげんは、フェティシズムの観点から解釈するとすっきりしてくる。実は、使徒たちに食べられるイエス（神）という構えは、紀元前のはるか昔にオリエント各地で散見されていた神殺し、信徒による神の共食という風習の遺制なのだ。ヘロドトスは『歴史』の中で、高齢に達した長老を親族が殺し、動物の肉と併せて煮て食べる風習を尊い行いとして記している。ジェームズ・フレイザーは『金枝篇』第七巻（神成利男訳・石塚正英監修・国書刊行会版、原書Part5-vol.2, p.94. 訳書、七一頁）の中でこう記している。「ヨーロッパではカトリック教会が、幼児キリストとその母の身体を食べるという無上の特権（the ineffable privilege of eating the persons of the Infant God and his Mother）を信者たちが享受できるよう、同じような方法を採用した」。

ユダはたいそう古い信仰の持ち主だったということになる。他の弟子たちがイエスのことを神自身でなくその子とみなしていたのに対し、ユダだけは神そのものとみなしていたということである。他の弟子たちにとってイエスの背後には神がいた。けれどもユダにとって、イエスは紛う方なき神、愛すべき単独神だったのだ。イエスをこの地上の人物とすれば、ユダにとってイエスは正しく人間フェティシュ——拝みもするが攻撃もする物神《ものがみ》の人間版——なのだった。だからこそキスもできたし、殺すこともできたのである。

以上のプロローグでもって、本論へのいざないとする。

●目次

第二部　先史・野生のフェティシズム解明

第一章 〔交互〕と〔転倒〕

第一節 ポジティヴ・フェティシズム

ひとはその時どきにおいて、文化的および社会的にひとたび自己を確立するに至れば、こんどは変化を嫌い、現状を維持しようとする。また必然の力によって次なる大変化が生じても、或る部分は依然として旧来の様式の中に生き続けようとする。こうした社会慣性は、社会や文化の保守性を示すといえば、そのようにも思える。けれども、自己確立前に存在した過去をすっかり除外し、忘却し、それに代えてその時どきの社会に好都合なように過去を捏造するという点で、人びとは常に古い文化をおろそかにし、日々更新されてゆく現在的価値を大切にしている。

そのような歴史事象のひとつとして、ヨーロッパ、アフリカ、アジア、両アメリカ諸大陸にまたがって、はるかな昔に存在したとされる、或る先史信仰を挙げうる。それは、一七六〇年に啓蒙期フランスの一思想家シャルル・ド＝ブロス（Charles de Brosses, 1709 - 77）によって「フェティシズム（Fétichisme）」と名づけられた、先史および野生の人類社会に備わる精神運動である。ド＝ブロスはこの信仰について、一八世紀当時のアフリカ、アジア、アメリカ諸大陸の自然信仰と比較して、次のような特徴づけをおこなった。すなわち、フェティシズムにおいては、人間が神＝フェティシュを造り、人間は自ら造ったその神を崇拝し、それと同時に事情次第でその神を攻撃もする。このような〔崇拝―攻撃〕の交互的精神運動を、彼はフェティシズムと名づけた。

啓蒙期フランスの思想家にしてディジョン高等法院議長評定官《プレジダン》であったシャルル・ド＝ブロスは、★1一七六〇年、ジュネーヴで匿名の著作『フェティシュ諸神の崇拝（*Du Culte des Dieux fétiches, ou Parallèle de l'ancienne Religion de l'Égypte avec la Religion actuelle de Nigritie*）』を刊行した。彼は、同時代の啓蒙思想家、例えばヴォルテールやルソーほどに有名でなかった。そのためか、或いはその著作が匿名であったためか、それともその著作の内容が当時のフランス人やヨーロッパ人には受け入れられにくいものであったためか、いずれにせよ、彼の著作『フェティシュ諸神の崇拝』は、当時のフランス思想界に少々の影響を与えたのみで、やがて忘れ去られていった。だがしばらくして、この著作は、先史・野生信仰に関心を持つ或るドイツ人学者クリスティアン・ブランダヌス・ヘルマン・ピストリウス（Christian Brandanus Hermann Pistorius）の目にとまった。このドイツ人学者について、その略歴や業績はこんにち詳細にはわからないのだが、彼がド＝ブロス著作のドイツ語訳版を一七八五年にベルリンとシュトラールズントのゴットリープ・アウグスト・ランゲ社から刊行したことは確かである。その独訳版（*Über den Dienst der Fetischengötter, oder Vergleichung der alten Religion Egyptens mit der heutigen Religion Nigritiens*, Berlin und Stralsund, 1785.）もまた、それ自体でもってドイツの知識人の間に何か特別のセンセーションを起こした様子はない。ところが、一八四二年の春、ラインラントでひとりの若い知識人、トリーア生まれのカール・マルクス（Karl Marx, 1818 - 83）がこのピストリウス独訳版を読書したという、そのことが直接の原因となって、ド＝ブロスの造語フェティシズムは、のちに全世界の知識人に知れわたることとなったのである。

マルクスは、一八六七年にかの『資本論（*Das Kapital*）』第一巻を刊行したが、その第一部第一篇第一章の第四節に「商品のフェティシュ的性格とその秘密」と題する一節を設けた（第二版、一八七二〜七三年）。その箇所で彼は、元来先史・野生信仰の一形態を表現していたフェティシズムを経済学に適用し、次のように記述した。「人間の頭の産物が、それ自身の生命を与えられてそれら自身のあいだでも人間とのあいだでも関係を結ぶ独立した姿にみえる。同様に、商品世界では人間の手の産物がそう見える。これを私はフェティシズムと呼ぶ。それは、労働生産物が商品として生産されるやいなやこれに付着するものであり、したがって商品生産と不可分なものである」★2。マルクスによるこのフェティシズム定義には、たんに先史・野生信仰と経済学との領域の相違というだけにとどまらず、ド＝ブロスのオリジナルなフェティシズム定義に対する、重大な改変がみられる。マルクスは、ド＝ブロスが先史と野生の社会現象、精神運動の一つとして抽出したフェティシズムを近代資本主義世界の経済現象に類推的にあてはめるに際し、ド＝ブロス的フェティシズムの根本的特徴である〔崇拝―攻撃〕の交互というとてつもなく重大なデータを、目にみえるかたちではインプットしなかったのである。だがマルクスは、そのデータを持ち合わせていなかったのではない。たしかに、一八四二年春にド＝ブロスを読んだ時、しっかり脳裡に叩き込んであった。また、マルクス最晩年の一八八二年秋、ジョン・ラボック（John Lubbock, 1834 - 1913）の著作『文明の起原と人類の原始状態（*The Origin of Civilisation and the Primitive Condition of Man*, London 1870.）』を読んだ時、すなわち死去のわずか半年前になって、彼はそのデータを再度明瞭に捉えかえすことにもなるのである。ところで、ここに記したド＝ブロス的フェティシズム、〔崇拝‐攻撃〕の交互運動としてのフェティシズムのことを、私は〔ポジティヴ・フェティシズム〕と呼ぶことにしている。それに対し、『資本論』のマルクスによって改造されたフェティシズム―その内容は次節で述べる―を、私は〔ネガティヴ・フェティシズム〕と呼ぶことにしている。

本書の第一部「フェティシズム概念の転回」では、第一に〔交互〕と〔転倒〕で特徴づけられるド＝ブロス的ポジティヴ・フェティシズムを説明する。その際、文明社会を転倒した世界と捉えたシャルル・フーリエ、人類史を真の社会たる「現実の社会」が不平等な社会たる「公認の社会」に窒息させられていると考えたジョゼフ・プルードンを援用する（第一章）。第二に、ド＝ブロス以後に登場してくるフェティシズム論のヴァリエーションを跡付ける。同時代人ルソーに始まり、サン＝シモン、コントおよびサン＝シモン派、そしてヘーゲル（第二章）。ここまでは予備的考察である。

第二部「先史・野生のフェティシズム解明」では、第一にド＝ブロスの『フェティシュ諸神の崇拝』に読まれるフェティシズムを概説する（第三章）。その際、ド＝ブロスが注目したエウセビオス『福音の準備』に記されたサンコニアトン断章を分析する（第四章）。また、ヘブライ語版旧約聖書に読まれる術語「セイリム」と「ヘベル」が「有毛の動物」から「鬼神」に解釈変更され〔価値転倒〕していく過程を解説する（第五章）。最後に、古今東西の人類社会に確認されるフェティシズムの痕跡について記されたジェームズ・フレイザー『金枝篇』に読まれるフェティシズムを引用・解説する（第六章）。

なお、本書では、ネガティヴ・フェティシズムのことをイドラトリ（Idolâtrie）とも言い換える場合があることを、あらかじめ付記しておく。現在わが国では、イドラトリのことを「偶像崇拝」と訳している。一方、フェティシズムの方は「呪物崇拝」「庶物崇拝」「物神崇拝」などと訳されているが、本書ではあらぬ誤解を避けるため、日本語には訳さないでおく。★3

第二節　「転倒」の意味　―フーリエ、プルードンを参考に―

近代のすぐれた社会思想家の一人に、フランスのブザンソン出身、シャルル・フーリエ（Charles Fourier,1772 - 1837）がいる。彼は、一八二九年発表の著作で、過去から現在までの人類史を「野生、家長制、非文明、文明の四期（les quatre périods, sauvage, patriarchale, barbare et civilisée）に区分し、就中その第四期を「転倒した世界（le monde á rebours）」と呼んでいる。[★4] 転倒である限り、そこには「正立の世界（un monde à droit sens）」が前提されており、この状態を彼は、未来社会たるアソシアシオンに設定している。

ところで、フーリエが文明社会を転倒した世界と考える以上、未来においてばかりでなく始原においても正立の世界が存在したと考えるのが自然である。その点についてフーリエは、野生《ソヴァージュ》の段階を想定している。なるほど彼は一方で、過去から現在までの社会を一括して「文明、非文明、野生という我々の社会が不統一にして虚偽の状態、すなわち転倒した世界であることは明らか」（傍点原文イタリック）と語ってはいる。[★5] だが他方で、野生について以下のようにも表現している。「野生人《ソヴァージュ》は、仕事が情念系列のなかで営まれないのならば、そのような仕事には見向きもしない」[★6]。フーリエがここに言う「情念系列（Séries passionnées）」とは、未だ「まったく知られていない配列」にして、「すべての情念がおのずとそこへ向かう機構であり、自然の意向にかなった唯一の秩序」[★7] であるから、それにのみ従う野生人とは、虚偽の、転倒した世界の住人とは表現しにくい。それからまたフーリエは、「農業の細分割および商業の虚偽性」という二大悪に依拠する文明社会は「非文明人《バリバール》ですら軽蔑の念をもよおすほどひどく不実である[★8]」と綴り、非文明人は文明人ほど不実な世界に住んではいないことを示唆している。このような点から窺えることは、フーリエにあって正立の世界とは何よりも来たるべきアソシアシオンを指し、また転倒の世界とは第一に文明段階の社会を指す。これに対し文明以前の社会は、積極的に正立の世界とは描けないにせよ、少なくとも後の時代に顕在化してくる転倒の世界とは異なる、渾沌としてはいるものの転倒するには至っていない世界なのである。フーリエの目的意識は、未だ転倒していないからといって粗野で未熟な原始社会に回帰することでなく、むしろ反対に、できうれば人類全体を情念系列に従わせ、粗野であろうが「野生人《ソヴァージュ》に農業を説き伏せ、非文明人《バルバール》に現代よりもっと秩序立った生活習慣を説き伏せる[★9]」ことにより、アソシアシオンを全世界に拡大することにあった。したがって、フーリエがあえて太古の社会状態を正立の世界としなかったのは、ごく自然のこととしてうなずけよう。他の著作をも含めて、フーリエ思想の全体から考えると、彼にとって文明以前の野生・非文明の状態は、ポジティヴなのである。きょうあすの生活すらままならない狩猟・採取民、漁労民を、フーリエは、「自然的自由」の保持者として高く評価し、彼らの生活圏を「本能的・予備的アソシアシオン（Associat. instinctive et ébauchée)」と名付けている[★10]。

　ところで、フーリエが設定した人類史の区分を、いまかりにA＝正立すなわち本能のアソシアシオン、B＝転倒すなわち不実の文明社会、C＝正立すなわち調和のアソシアシオンと三段階に単純化するとして、この三者の相互関係はどのように定められるか。『社会契約論』（一七六二年）以前のルソーが『人間不平等起原論』（一七五五年）でほのめかした第一の自然状態→不平等社会→第二の自然状態というシェーマ同様、A→B→C＝A→B→……という循環なのか。或いはユダヤ・キリスト教的伝統におけるこの世の終わりと理想的状態―原ヘブライないし原始キリスト者世界―への回帰と同レベルなのか。

そのどちらもフーリエにはあてはまらない。フーリエにおいて、本能のアソシアシオンは歴史的に一回性のものであり、文明社会ではもはや存在しない。また調和のアソシアシオンは、本能の、予備のアソシアシオンのたんなる再現、回復でなく、産業的新世界にして、アソシアシオンの完成なのである。したがって、まずはっきりしている関係は、AとBは全く別物で、BとCも全く別物ということである。つまり、転倒の世界にアソシアシオンは存在しない。さらにAとCとの関係では、双方ともアソシアシオンとしては共通しているもののけっしてA＝Cでなく、CにとってAは無くてもかまわない。重要な関係はA―Cでなく、B―Cなのである。そうであるなら、フーリエ的人類史はアソシアシオンの発展史と見做し得ず、少なくとも転倒の文明社会と、その後に出現する正立のアソシアシオンとに分かたれることになる。人類史を貫く一つの説明原理があるのでなく、原理は転倒の時代と正立の時代とで各々異なるのである。因みに、このみかたは、もしかしたら、マルクスのフェティシズム論に影響した。

以上のごとき〔転倒―正立〕論を説くフーリエに対し、彼と同郷の後輩であるジョゼフ・プルードン（Joseph Proudhon, 1809 - 65）は、「現実の社会」と「公認の社会」との対比からアソシアシオンの必要性を語り、先輩フーリエと一見似たような論理を展開する。だがプルードンのアソシアシオン論は、一見するとフーリエらしいだけで、実はこの論理を支える社会認識の点では、フーリエと大きく違っていた。すなわち、プルードンもまた人類史を（i）自由な、真の社会たる「現実の社会」と、（ii）不平等がはなはだしい現行の社会たる「公認の社会」の対立の歴史として描く。その上に立ってプルードンは、未来社会たる「現実の社会」を実現するにあたって、三箇の契機ないし三本の軸を設定する。[★11] その第一は、労働およびこれによる生産と流通の組織で、一言で述べれば経済。その第二は、社会的関係の管理および秩序で、一言で述べれば法と政治。その第三は、精神的なものの共同で、一言で述べれば宗教である。この三本の軸はどれも本来的には、或いは原初的には人間に不可欠のものだが、「公認の社会」においてはひどく歪曲されていて、民衆を抑圧する手段となっている。「公認の社会」では、これら三本の軸は所有＝資本、権力＝国家、支配宗教＝キリスト教となっている。したがって、「現実の社会」を実現するにあたっては、所有（資本）と権力（国家）と支配宗教（キリスト教）とを廃絶することが必要条件となる。

ただし、ここで注意せねばならないことは、「現実の社会」と「公認の社会」はけっして正立と転倒としてあるのでなく、また時間的に前後しているわけでもなく、空間的に分離され得るものでもないことである。両社会は同時的に並行して存在している。現状では、ただ、「現実の社会」が「公認の社会」によって極度に圧迫され、あたかも存在していないかのように窒息させられているだけのことである。したがって、いまのところは威力をふるっている「公認の社会」＝表層社会を萎縮させてしまえば「現実の社会」＝深層社会が前面に現われるということになる。つまりプルードンにあっては、未来社会はけっして現在と断絶した社会ではない。すでに現状の中に未来社会の萌芽が潜在している。肝心なことは、その萌芽の発育を妨害しているような「公認の社会」の威力、すなわち資本、国家、キリスト教の威力を弱めればよいのである。プルードンの発想では、「深層社会である『現実の社会』こそ、活力に富み、絶えず運動し、自由と平等がそれ自体貫徹する社会であるのに対して、表層社会は、その深層にある諸力の外化であり、それ自体活力をもつものではない。所有・国家・宗教（支配宗教―石塚）こそそうした社会的諸力の疎外態にほかならぬものであった」（藤田勝次郎[12]）。

プルードンは、所有・国家（政府）・宗教の三者を、（i）その発生・始原に見られた現実態としては肯定している[13]。それと同時に、（ii）それらの疎外態たる資本・国家権力・国家宗教に対しては、（i）

の現実態を圧迫するものとして否定している。ここに転倒という現象を見ようと思えば見られなくもない。本来在るもの、「それ自体貫徹する社会」がその疎外態に規定されているのだから、まさしく転倒である。だが、ここでいう転倒は、あのフーリエ的な意味での転倒と明白に違う。フーリエの場合、「転倒の世界」と「正立の世界」は異質なものとして排除し合うのであって、並存することはない。これに対しプルードンの場合、「現実の社会」と「公認の社会」は、前者が深層にあって、後者が表層にあって、並存する。時に後者が前者を支配することはあっても、根本的には前者が後者の根拠・原因を為している。よって、前者を欠いて後者は存立しえないのである。

以上において、「転倒」の意味を、フーリエ的なそれとプルードン的なそれとの二種に区別して説明したが、この「転倒」現象は、前節で紹介したポジティヴ・フェティシズム〔交互〕とたいへん深く関係している。そこで次節では、フェティシズムにおける〔交互〕と〔転倒〕の関係について、予備的な解説を施すことにしよう。

第三節　フェティシズムにおける〔交互〕と〔転倒〕

フェティシズムを論じたか、多少ともこれに言及した思想家には、その始祖シャルル・ド＝ブロスを筆頭として、同時代人ルソー、一八・一九世紀交に活躍したサン＝シモン、その（元）弟子オーギュスト・コントおよびサン＝シモン派、ドイツのヘーゲル、その弟子筋になるフォイエルバッハとマルクス、さらにはロシアのバクーニンなどがいる。そうしたフェティシズム論者中、コントとマルクスとは、この術語を、自らの思想の核心を表現するのに用いている。また、そうしたフェティシズム論者中マルクスだけは、原初的信仰たるフェティシズムを論じたのではなく、これを信仰とは別の領域、経済学の領域に適用して、独自の概念につくりかえた。この、経済学に適用されたフェティシズムにおいて、マルクスは、ことのほか強烈に、フェティシズム＝転倒という等式を打ち出してくる。

例えば、一八六二年一月から六三年七月にかけて起草された、いわゆる『剰余価値学説史』中には次の一文が読まれる。「社会的労働の生産力および社会的労働の特殊な諸形態は、資本の、対象化された労働の、〔客体的な〕物的な労働条件—生きている労働に相対するこのような独立化された姿態として、資本家において人格化されているところの物的な労働条件—の、生産力および諸形態として現われる。この場合もまた関係の転倒であって、我々はすでに貨幣の考察においてフェティシズムをこの転倒の表現として示した」。「資本のフェティシュ姿態は資本フェティシュの観念とともに完成している。（中略）G—W—G'にはまだ媒介が含まれている。G—G'は、資本の無概念的な形態であり、生産関係の最高度の転倒と物化なのである」。「この（資本主義的—石塚）生産様式ではいっさいが逆立ちして現われるのであるが、最後に利子と利潤との関係でも最後の逆立ちが現われる（後略）」。★14

ところで、ここに記されたフェティシズム＝転倒の等式には、一八五九年刊のマルクス著『経済学批判』を紹介しようと筆を執ったエンゲルスによる次のコメントを付ける必要がある。「経済学は物を取り扱うのではなく、人と人との関係を、究極においては階級と階級との諸関係を取り扱うのである。しかしこれらの関係は、つねに物にむすびつけられており、物として現われる」。★15 このエンゲルスの注記が重要なわけは、ここに表現されている「人と人との関係」と「物と物との関係」が、ちょうど、前節で紹介したプルードンの「現実の社会」と「公認の社会」に比較しうるからである。すなわち、マルクスの社会認識の根底には、第一に「人と人との関係」がある。この第一の関係が、何らかの契機を以って「物と物との関係」に転じている。その際、前者は深層関係で、後者は表層関係であり、両者は並存する。

ところでマルクスは、本来人と人との関係としてある事態が物と物との関係として現象することそれ自体を問題にしたのではなく、後者の関係が前者の関係を一方的に規定し支配してくる点を経済学の討究対象としたのである。その一方的な規定の現象をマルクスは〔転倒〕とみたのである。例えば、人（生産者）が物（生産物）において自己を表現し、さしあたってはその物（生産物）と物（生産物）との関係において人（生産者）と人（生産者）が関係し合うこと自体は、何ら転倒ではないのである。生産の場において、生産者たる人は自らの生産物を支配している。しかし、これを交換の場において考えるならば事態は逆で、生産物たる物が生産者たる人を代表している。その限りで人（生産者）と物（生産物）とは交互の関係にある。ただし、根原は人であって物ではない――いまこれを人と物との間における〔交互の関係〕としておく。ところが、何らかの契機を以って、一方的に、永久的に、交換の場が生産の場を逆規定するようになる。当初からそのような逆の関係中で生産が行なわれることになる。ここに逆立ちが生じる。これを〔転倒の関係〕とする。その際、マルクスのフェティシズム論は、この〔交互〕（深層）と〔転倒〕（表層）の両関係の総合されたものと考えられる。にもかかわらず、従来のマルクス主義経済学は、『資本論』のフェティシズムについて、転倒の方ばかり強調してきた。深層を切断して棄て去り、これを忘れ去り、表層のみで全体を見たつもりになってきた。とんでもない思い違いである。だが、その責任の一端はマルクス本人にある。

マルクスは、フェティシズムという術語とその概念とを、どこから学び知ったか。彼はこれをド＝ブロス著作（一七六〇年フランス語版）のドイツ語訳（一七八五年）を通じて、この概念の確定者すなわちド＝ブロスからじかに学んだ（一八四二年春）。その成果を『ライン新聞』記事（一八四二年七月・一一月）で素直に表明してもいる。しかし、ド＝ブロスの当該著作にフェティシズム＝転倒という構えはない。そうでなく、ド＝ブロスは転倒について、これを「イドラトリ」に結び付けている。そして自らの著作の中で幾度も、フェティシズムとイドラトリとは、混在することはあっても、それ自体はまったく別物どうしであると強調している。すでに指摘したとおり、イドラトリは「偶像崇拝」と邦訳される。イドル Idol が「偶像」である。ド＝ブロスは、フェティシズムは原始の、或いは野生・非文明の社会に存在する崇拝であるのに対し、イドラトリは文明社会に存在する信仰であって、前者から後者が派生はしたものの、双方の概念は決定的に違うものと考えている。すなわち、第一、フェティシズムでは人間が人間の眼に見える神をつくるが、イドラトリでは人間に不可視の神が人間をつくる。第二、フェティシズムはフェティシュ神それ自体への崇拝を特徴とするが、イドラトリはイドル（象徴、比喩、偽物）を介しての神（本物、絶対者）への信仰を特徴とする。第三、フェティシズムにおいてフェティシュ神は崇拝されると同時に攻撃・破壊されもし、崇拝と攻撃が互いの前提をなしているが、イドラトリではイドルを通しての一方通行の信仰・服従を特徴とする。第四、右に記したように、フェティシズムは先史・非文明に発する精神運動であるのに対し、イドラトリは文明期に特徴的な精神運動であること。

では、かようなド＝ブロス的フェティシズムをじかに学んだマルクスが、なぜフェティシズムと転倒とを強烈に結び付けるに至ったのか。つまり、なぜド＝ブロスのフェティシズムを改造するに至ったのか。その根拠の一つは、彼がド＝ブロス読書とほぼ同時期に行なったフォイエルバッハ読書にある。バイエルンのランツフート出身ルートヴィヒ・フォイエルバッハ（Ludwig Feuerbach, 1804 - 72）は、すでに一八三〇年『死と不死についての考察（*Gedanken über Tod und Unsterblichkeit*）』を匿名で出版し、この中で神の超越性を否定し、人間精神の優位を強調していたが、その後約一〇年して、一八四一年に主著『キリスト教の本質（*Das Wesen des Christentums*, Leipzig, 1841.）』を刊行し、その中で次のような主張を行なった。「宗教の根原にあっては、神と人間との間の質的な区別または本質的な区別はまったく一つも存在しないのである。そして信心深い人間は、この同一性に対して決していきどおりを感じない。なぜかといえば信心深い人間の悟性はなお彼の宗教と調和しているからである。こうしてヤーヴェは古代ユダヤ教においてはたんに実存の方からみて人間的個体から区別された本質にすぎなかったのである。しかるに質的には、すなわち彼の内的本質の方からみれば、ヤーヴェは完全に人間に等しかった。ヤーヴェは人間がもっている情熱と同じ情熱をもち、人間がもっている特性と同じ人間的な特性をもち、人間がもっている身体的特性と同じ身体的特性さえもっていた。人びとは後世のユダヤ教においてはじめてヤーヴェを人間からきわめて鋭く分離した。そして人びとは、後世のユダヤ教においてはじめて、神人同感《アントロポパティ》同情説《スムス》に対して、それがもともともっていた意味とは別な意味を想定するために、比喩のなかに逃げ込んだのである★16」。

このようにフォイエルバッハは、宗教の根原をポジティヴに語る。人間と神とを対等、同質のものとして描く。ヤーヴェ——或いは、より正確にはヤーヴェになる前のヤーヴェ——とて、その始元においては例外でなかった。一八四一年段階におけるフォイエルバッハの先史信仰論には、右に列挙した数点からなるド＝ブロス・フェティシズム論の特徴点のうち、第一と第二とが含まれている。しかし、完成したユダヤ教では、ヤーヴェとその信者とは転倒——ド＝ブロスにおけるイドラトリー——の関係に入る。そうして、転倒してしまった事態に対し、フォイエルバッハは「疎外(Entfremdung)」という語を用いて、次のようにその修復を力説する。「君はなぜに、人間から人間の意識を疎外し、そしてそれを人間から区別された或る存在者―或る客体―の自己意識にするのか？ なぜに君は、本質を神に帰属させ、人間にはただ意識だけを帰属させるのか？ 神は自己の意識を人間の中にもち、人間は自己の本質を神の中にもっているのか？ 神に関してもっている人間の知は神が自己自身に関してもっている知か？ それはなんという分裂であり矛盾であろう！ それを転倒せよ！ そうすれば君は真理をもつことになるのである(kehre es um, so hast du die Wahrheit)」。[★17]

フォイエルバッハが「宗教の根原」と関連づけて論じているポジティヴな現象、すなわち神と人間の質的一致、それからフォイエルバッハが「疎外」と関連づけて論じているネガティヴな現象、すなわち神への人間の隷従とは、そのどちらもが、まえ以ってド＝ブロス著作で説かれてあったものである。一方はフェティシズムとして、他方はイドラトリとして。ただし、ド＝ブロスでは、フェティシズムとイドラトリとは完全に対立する概念として向き合っていた。すなわち、先史社会を全面的に覆っていたフェティシズムは、文明時代に入るとイドラトリに押しのけられるが、しかしその発生基盤が完全に消滅することはなく、イドラトリの世界とは別個に、とりわけ農耕民・下層社会で生き続ける。これに対しフォイエルバッハでは、原始信仰(ド＝ブロスではフェティシズム)とユダヤ・キリスト教(ド＝ブロスではイドラトリ)とは、対立してなじまないのではなく、いわば深層と表層のように重なり合って並存しているのであった。[★18]そこにマルクス独自のフェティシズム論の生まれる素地が存在している。すなわち、『資本論』へと向かうマルクスにとって、フェティシズムはまずその表層において重要なのである。その際、転倒(表層)だけで事足りるのであればとりたててフェティシズムのたすけを借りるには及ばない。それは疎外論で済む。しかしながら「商品」は表層すなわち転倒現象だけでは説明しきれない。「疎外」（表層）を以ってしては「商品」に備わるフェティシズム（深層）という性格を十分に解明することができないのである。商品に限らず、人類社会が産出するものについては、その表層で以って深層を説明することなど不可能である。ことは本来その逆であって、深層（先史的特質）から表層（文明的特質）が説明されねばならない。[★19] とはいえ、この発想はド＝ブロスには未知であった。彼にとってフェティシズム（先史・非文明）とイドラトリ（文明）とは、ただ対立する概念でしかなかった。これに対してマルクスは、先史的特質（フェティシズム）で以って文明的特質（商品）を説明する。すなわち、マルクスにとってフェティシズムは、先史・非文明と有史・文明とを貫く原理である。彼がそのように考える下地には、フォイエルバッハに特徴的な深層・表層の構えがあった。マルクスが商品や貨幣、資本、利子生み資本についてこれをフェティシュとしたわけは、それらが先史信仰上のフェティシュに似た性格のものであったからでなく、それがフェティシュそのものであったからなのだ。商品のフェティシュ的性格とは、そのように解釈せねばならないのである。マルクスは、ただヘーゲル、フォイエルバッハの影響下で、一歩先に疎外の認識に深入りしていくため、フェティシズムの副次的特徴である「転倒」のことばかりをフェティシズムで説明していくのである。或いはまた――のちに詳論することだが――『資本論』までのマルクスにとって、人類史における〔転倒〕の前の正立の時代は未だ観念的に想定されているだけで、科学的には究明されていなかったから、彼はフェティシズムをもっぱら転倒と等置して使用していくのである。これが、のちのマルクス主義者を迷わせる第一の原因であった。

　以上でフェティシズムにおける〔交互〕および〔転倒〕の意味、位置を確認してみたわけだが、そうしてみると、フェティシズムにおいて最も重要な特性は〔転倒〕でなく、〔交互〕の方であることがわかる。

ド＝ブロスにおいては後者のみがフェティシズムであった。またフォイエルバッハにおいては、神と人間の同一性を特徴とする先史信仰が宗教の根原〔深層〕であって、神が一方的に人間を支配するユダヤ・キリスト教の方は、〔転倒〕といぅかたちで屈折したその反映〔表層〕でしかなかった。両者ともに、根本原理は私の言う〔交互〕――ド＝ブロスにおける崇拝と攻撃、フォイエルバッハにおける同一性――である。〔転倒〕は本来固定的なものでなく、その交互運動における一方の極《きわ》みを表現するものにすぎなかったのである。本書では、そのような〔交互〕運動としてのフェティシズムをポジティヴ・フェティシズムと呼ぶほか先史フェティシズムとも呼び、〔転倒〕現象としてのイドラトリをネガティヴ・フェティシズムと呼ぶほか文明フェティシズムと呼ぶことにする。本書は、この二つで以って一つのフェティシズムの解明にささげられる。

★註

1 ド＝ブロスの略歴と業績については以下の文献を参照。古野清人「シャルル・ド・ブロスと実証的精神」（『宗教生活の基本構造―その社会・文化的研究―』社会思想社、一九七一年、第一章所収）。石塚正英「シャルル・ド＝ブロス著・杉本隆司訳『フェティシュ諸神の崇拝』解題」（『フェティシュ諸神の崇拝』法政大学出版局、二〇〇八年、所収）。

2 Karl Marx, *Das Kapital I, Karl Marx - Friendrich Engels Werke*（以下 *MEW* と略記）Bd.23,S.87. マルクス著、岡崎次郎訳『資本論』大月書店、普及版、第一巻、第一分冊、九八頁。一部改訳。なお、私は差別語に敏感なので、私自身が差別語と感じる用語に関して、自著においては極力使用を避けている。例えば「黒人（negro）」は「アフリカ先住民」「アフリカの人びと」などとし「ハイチの黒人」は「ハイチのアフリカ系住民」などとしている。また、本書に引用する文献中、邦訳があるものについては極力その訳文を借用させて戴き、本書に必要不可欠な範囲で一部改訳ないし原文挿入を行なうことにする。ほかに、本文と引用文との間の表現を統一するため、邦訳書からの引用文の一部を改めた箇所がある（「かれら」→「彼ら」「ある」→「或る」等。）当該邦訳書の訳者諸氏には、どうかご海容願いたい。なお、特に注記がない限り、引用文中のカッコ内はすべて石塚の挿入である。

3 フェティシズムの訳語をめぐる諸問題は次の文献に詳しい。布村一夫『共同体の人類史像』長崎出版、一九八三年。特にその第一章「フェティシュをなげすてる」。同『マルクスと共同体』世界書院、一九八六年、特にその第一章第一節「フェティシズム」。布村一夫はかけがえなき我が恩師である。

4 Charles Fourier, *Nouveau Monde Industriel et Sociétaire, Œuvres Complètes de Ch. Forurier*, Paris, A La Liberaire Sociétaire, 1845, tome sixiéme, p.9, P. 13. 田中正人訳「産業的協同社会的新世界」、『世界の名著 続8

オウエン　サン＝シモン　フーリエ』中央公論社、一九七五年、四五〇頁、四五五頁。なお、邦訳では人類史の四段階が、「未開《バルバリ》、家長制《パトリアルシ》、野蛮《ソヴァージュ》、文明《シヴィリザシオン》」と記されており、一八四五年版の原文と比べ、バルバリとソヴァージュとの位置が入れ替わっている。邦訳の誤記ないし誤植であろう。また、邦訳では sauvage と barbare の訳がきちんと区別されていない。私は敢えて前者を野生あるいは野生1、後者を非文明あるいは野生2と記す。訳語の取り違えでなく、この二語によって示される概念の相異が、本書のテーマであるフェティシズムにとっては重要なことだからである。ただし、その重要性はフーリエに直接あてはまるわけではない。なお、邦訳の文脈上、sauvage については「先住民」とする場合がある。因みに、ヘロドトス等ギリシアの古典に出てくるバルバロス Βάρβαρος はギリシア人以外の異民族を指し、そのなかには必ずしも「未開」でないエジプト人なども入る。また当時のギリシア人は、同人種内でも自分のポリス以外の人びとに対してはクセノス Ξένος（外国人）と読んだ。またヘロドトスによれば「エジプト人は自分と言語を同じくせぬ者はすべてこれを異国人《バルバロス》と称するのである」。松平千秋訳『歴史』岩波文庫、上巻、一九七一年、二六四〜二六五頁（第一五八節）。つまり、エジプト人の側からすれば、ギリシア人の方こそバルバロスなのである。

5　*Ibid.*,p.4. 邦訳、四五六頁。

6　*Ibid.*,p.2. 邦訳、四四一頁。

7　*Ibid.*

8　*Ibid.*,p.8. 邦訳、四四九―四五〇頁。

9　*Ibid.*,p.11. 邦訳、四五三頁。

10　モーガンの用語で「野生・未開」段階の人類が保持したとされる「自然的自由」および「本能的、予備的アソシアシオン」については、上掲の *Nouveau Monde Industriel et Sociétaire* の序文として起草されながらもフーリエ自身によっては公表されなかった小文、Charles Fourier, *De l'anarchie Industrielle et Scientifique*, Paris, Libraire Phalanstérienne, 1847.（大澤明訳、「産業および学問の無政府状態について」（一）～（五）、『社会思想史の窓』同刊行会刊、第五〇、五三、五六、五九、六五号、一九八八～八九年）、特に三九頁（原文）に詳しく述べられている。

11　ここでの三本の軸の指摘については以下の論述を参考にしている。横山紘一「法と政治の社会理論」、河野健二編『プルードン研究』岩波書店、一九七四年所収。特に一七七～一七八頁。

12　藤田勝次郎「プルードンにおける競争とアソシアシオン」『國學院経済学』第三四巻、第三・四合併号、一九八六年、六九～七〇頁。

13　所有・国家・宗教についてプルードンは次のように言う。「所有に対して革命は二つのことを行わねばならない。すなわち、その清算とその復興である」。「所有権は、その原因が労働以外のものでない場合には、尊敬すべきものであるが、パリをはじめ大部分の都市においては、市民の住居に対する不正で不道徳な投機の道具となっている」。「政府という考えは家族の習俗と家庭の経験から生まれたが、そのときは如何なる反抗も行なわれなかった。政府は、父と子どものあいだの従属関係と同じほどに社会には自然なものと映ったのである」。「もし宗教が真に経済的あるいは道徳的価値を持っているのなら、もしそれが民衆の必要から出てきたものであるならば、私はけっしてそれに反対するものではない。自由放任に、なさしめ、行かしめたらよい。もう一度くり返せば、宗教も産業と同じく、自由であるのがよい」。プルードン著、陸井四郎・本田烈訳「一九世紀における革命の一般理念」、三一書房版『プルードンⅠ』一九七一年、一一五、二〇三、二〇五、二七一頁。

14　*MEW*, Bd.26, 1er Teil, S.365, 3er Teil, S.454, S.468. マルクス著、岡崎次郎・時永淑訳『剰余価値学説史』

15 大月書店、国民文庫第三分冊、一六五～一六六頁。第九分冊、一一八、一四一頁。

16 *MEW*, Bd.13,S. 476. 大月版『全集』第一三巻、四七八頁。

L. Feuerbach, *Das Wesen des Chiristentums*, Reclam, Stuttgart, 1974, SS.301 - 302. 舩山信一訳『キリスト教の本質』岩波文庫、下巻、二八～二九頁。訳文は舩山訳を借用した。ただし、既述済みの理由によって、訳語の一部を改めた。

17 *Ibid.*, SS.346. 邦訳、八三～八四頁。

18 フォイエルバッハの宗教観にプルードン的な深層・表層の構えがあることは、この二人の同時代思想家の親近性の証拠ともなる。例えば、プルードンは、フォイエルバッハおよびその著作『キリスト教の本質』に関して次のような評価を下している。「ドイツの哲学者フォイエルバッハの宗教にかんする最も重要な書物か翻訳されたところです。このフォイエルバッハは、ドイツで私の思想を最もよく代表しているひとです。私たちは、すべての点で一致していると一般にいわれています。多分私は、彼の書物のフランス語訳に序文をつけようと考えていますし、その責任ある刊行者になりたいと考えています」。(à Victor, Paris, 8 janvier 1845.) 藤田勝次郎「國学院大学図書館所蔵のプルードン未刊書簡」、『國学院経済学』第三六巻、第二・三合併号、一五三頁。

19 文明から先史を説明するのは間違いで、先史から文明を説明するのが正しい、との判断は哲学者カール・ヤスパースも認めるところである。ヤスパースは「歴史の起原と目標」の中で次のように述べている。「先史時代に生成された成果は、生物学的に遺伝可能なものであり、その限りあらゆる歴史的破局を貫いて確保されるものである。これに反し歴史において獲得されたものは、意識的に伝えられねばならず、まかりまちがえば喪失しかねないものである。(中略) 伝承されない限りは、生物学的に遺伝しないゆえ、再び完全に消滅しうるのである。そうなるとわれわれは、むき出しの基質に戻らねばならぬであろう。／今や歴史的意識が直面する大問題は、歴史以前の時代から伝えられた人間の根幹、すなわち人間存在を支えている普遍的なものは何か、ということである。人間の中には、人間の特性が形成された時代に由来する、もろもろの活動力の基盤が含まれている。先史時代とは、人間のこういった天性が生成した時代なのである。この先史時代が知られうるものならば、人間を現今あるがごとく形成したもろもろの条件や状況、すなわち人間の生成を眼にすることによって、人間存在を構成している基体の一つに関する洞察がえられるであろうが」。重田英世訳『世界の大思想Ⅱ―12、ヤスパース』河出書房、一九六八年、四〇頁。この発言を放つ限りでのヤスパースを、私は大いに支持する。

第二章　フェティシズム論のヴァリエーション

第一節　人類の司法官たる岩石・樹木　――ルソー――

ド＝ブロスの造語になるフェティシズムは、原初的信仰の一形態を表す術語として彼の同時代人に広く受け入れられたわけではない。だが、その造語成立の基礎となったフェティシュという語、および、アフリカにはそのフェティシュを信仰する先住民が現存するという実態については、すでにド＝ブロス以前から知られていた。そこで、本章では、まずド＝ブロスの同時代人が「フェティシュ」という語をどのように理解していたか、或いはどのような文脈でこの語を使用したかにつき、ルソーを例に引いて検討してみたい（本節）。それを受けて、後代の思想家が「フェティシュ」および「フェティシズム」をどのように理解したか、或いはどのような文脈でこれらの語を使用したかについて、サン＝シモン（第二節）、コントおよびサン＝シモン派（第三節）、それからヘーゲル（第四節）を例に引いて検討してみたい。これらの思想家のフェティシュ観ないし先史信仰理解は、本書の研究にとってはいずれも脇役的価値を持つにすぎない。

ド＝ブロスの同時代とは、すなわち、啓蒙思想家の時代である。この時代の知識人が先史をどのようにみたかは、例えば酒井三郎「原始社会を一八世紀にはどのようにみたか―ルソーの叙述を中心に―」（『世界史研究』第一一号、一九五五年。『啓蒙期の歴史学』日本出版サービス、一九八一年、所収）に詳しい。それによると、啓蒙思想家の一人、ジャン＝ジャック・ルソー（Jean - Jacques Rousseau, 1712 - 78）は、原始ないし古代を究明するのに、けっして後代に書かれた文献のみに依拠することはできないと意識していたようである。ルソーの主著『社会契約論（*Du Contrat social*, 1762.）』第四篇第四章冒頭に次の一節が読まれる。「われわれは、ローマの初期について、十分確かな資料は、なにももっていない。ローマの初期について言いふらされていることの大部分は、作り話であるとはっきり思わせるふしすら多い」[★1]。そこでルソーは、過去の著述家たちのもののほか、一七～一八世紀にものされた旅行記や地誌、博物誌のたぐいをも利用している。その幾つかを列挙すると、ドミニコ派の宣教師テルトル（Du Tertre, 1610 - 1687）『フランス人の住むアンティル諸島全史（*Histoire générale des Antilles, habitées par les Français*, 1667.）』、フランスの旅行家シャルダン（Jean Chardin, 1643 - 1713）『ペルシアおよび東インド旅行記（*Voyage en Perse et aux Indes Orientales*, 1686.）』（これはド＝ブロスも自著一四六頁で引用し、樹木フェティシュを説いている）、スペインの旅行家コレアル（Francisco Coréal, 1648 - 1708）『西インド旅行記』の仏訳本（*Voyages de François Coréal aux Indes Occidentales*, 1722.）、アベ・プレヴォ監修の様ざまな旅行記集成本『旅行記総覧（*Histoire générale des voyages*, 1746 - 1770）』などがある。また、最後に挙げた集成本には、オランダの医者、地理学者ダッペル（Olfert Dapper, ? - 1690）『アフリカ概説』の仏訳本（*Description de l'Afrique*, 1688.）、ドイツの旅行家、博物学者コルベン（Pierre Kolben, 1675 - 1726）『喜望峰旅行記』の仏抄訳本（*Description du Cap de Bonine - Espérance*, 1741.）そのほかが集録されている。以上の旅行記ないしその著者はすべてルソーの『人間不平等起原論（*Discours sur l'origine et les fondements de l'inégalité parmi les hommes*, 1755.）』に注記されている[★2]。だが酒井の研究によると、「ルソーは原始社会の研究が文献の渉猟だけでは不十分で、さしあたり未開諸民族の現状調査が必要であることを旅行記といったものにより提示していながら、それを思う存分果たすことができなかった」。その理由の一つは、彼が氏族・部族といった先史の社会構成の面に注意を向けることなく、そうした人類社会よりも、ビュフォンに依拠して自然史すなわち博物の面から先史人をみたためである。にもかかわらずルソーは、先史人を、たんに動物から抜け出そうとする半人間として博物学の対象とするだけでなく、「さらに進めて動物から完全に抜け出し自らの道を歩もうとする人間を社会の一員として取り扱った。いわば社会科学の対象としての人間と取り組んだ」のであり、不完全であるにせよ「人間を自然史(histoire naturelle)の対象から社会史(histoire sociale)の対象に引き出した」のである。[★3]このような学的営為の中にこそ、我々がいま問題にしている原初的信仰に対するルソーの取り組みもみられるのである。

さて、ルソーはいずこからフェティシュという語とその概念を学び知ったか。誰かれの文献といった単一の情報源からでないことはたしかである。アフリカ西岸でこれを信仰する先住民族があまた存在していることは、一八世紀当時の語学界ですでに流布されていた。それで、この術語は当然にも、かの百科全書に収められた。ディドロとダランベールを編者とし、ヴォルテール、モンテスキュー、ケネー、ルソーらを執筆陣に加えて、一七五一年に第一巻が刊行されたこの全集に収められたフェティシュの項目を、今村仁司の訳を借用して以下に引いてみる。「アフリカ、ギニアの住民が彼らの神々に与える名前、彼らはそれぞれの地域にひとつのフェティシュを、それぞれの家族に個別的な諸フェティシュを持っている。この偶像《イドール》は、彼らのファンタジーに従って、樹であったり、猿の頭であったり、あるいはそれに類似したものである」[★4]。この記述は誰の筆になるものか。百科全書の執筆陣には、ド＝ブロスも「語原学」

に関する項目で名を連ねているが、[5] この記述は彼のものではあるまい。ド＝ブロスなら、フェティシュのことを「偶像《イドール》」とはすまい。それはそれとして、ルソーは、原初的信仰に関連することがらを、まずは一七四九年ディジョンのアカデミーに提出した懸賞論文、すなわち『学問芸術論（*Discours sur les Sciences et les Arts*, 1750.）』の中で、次のように記す。

「人びとが、習俗について反省すれば、かならず原始時代の単純な姿を思いだして、楽しむことでしょう。それは、自然の手だけによって飾られた美しい河岸であり、人びとが、たえずそれに眼を向けて、遠ざかるのを名残りおしく感じる、美しい河岸です。汚れなく有徳な人びとは、神がみを、彼らの行為の証人とすることを好んでいた時代には、神がみと一緒に同じ小屋に住んでいました（Quand les hommes innocens et vertüeux aimoient à avoir les Dieux, pour témoins de leurs actions, ils habitoient ensemble sous les mêmes cabanes）。しかし、まもなく、邪しまになった人びとは、これらの厄介な観察者（incommodes spectateurs）に気疲れして、立派な神殿の中に追いやりました。ついに、人びとは、神がみをこの神殿からも追い払って、みずから神殿にいすわるか、或いは、すくなくとも、神がみの神殿と市民たちの住居との区別がつかなくなりました。この時こそ、頽廃の極みだったのです[6]」。

ルソーは、最古の人類の宗教生活を、神がみと人間とが同居する（ils habitoient ensemble sous les mêmes cabanes）風景として描く。これは、ド＝ブロス著作の内容を知った我々からすれば、ルソーの一方的な空想などではない。古代を美化するか否かにかかわらず、ルソーとド＝ブロスは、神がみと人間との同居性において、見解が一致している。このような一致は、ド＝ブロス著作『フェティシュ諸神の崇拝』刊行の二年後に出版された、ルソー『エミール（*Émile*, 1762.）』にもはっきりと看取される。この著作中に上掲ド＝ブロス著作からの直接的影響の有無を確認することはできないし、またその有の可能性は殆どないのであるが、実にド＝ブロス風な記述が散見される。

「私の見るところでは、近代にあっては、人びとはもう力と利害のほかには相手にはたらきかける手段をもたない。ところが、古代の人びとは納得させることによって、魂を揺り動かすことによってはたらきかける場合の方がはるかに多かった。彼らはしるしによる言語を軽視してはいなかったからだ。約束はすべておごそかな雰囲気のうちにとりかわされて、それをいっそう破棄し難いものにしていた。権力が確立される前には、神がみが人類の司法官だった。神がみを前にして、個人は契約を交わし、縁組みをきめ、約束のことばを述べていた。大地の表面はそこに記録が保存される書物だった。そういう記録によって神聖なものとされ、非文明人の目に尊敬すべきものと見えた岩石、樹木、石塚は、あらゆる人のまえにいつもひらかれているその書物のページだった。（Des rochers, des arbres, des monceaux de pierre consacrés par ces actes et rendus respectables aux hommes barbares, étoient les feuillets de ce livre ouvert sans cesse à tous les yeux.）」[★7]

ここに記された「岩石、樹木、石塚」はポジティヴな神がみである。「人類の司法官（les magistrats du genre humain）」たる岩石、樹木は、ド＝ブロスでは間違いなくフェティシュ神として表現され、フェティシズムの対象とされる。この「人類の司法官」は、それを信仰する人間たちによって任免されるのだから、まさしく人間と神とは同居・同一のものである。[★8] したがって、フェティシュそのものである。だがルソーは、これらの岩石、樹木、石塚といった原初神の総称として、フェティシュを用いることはしない。むしろイドルを用いる。そして、これらの原初神信仰を、ド＝ブロスにならってフェティシズムとするのではなく、イドラトリとするのである。なるほど、ルソーとてフェティシュという語をまったく無視しているわけではない。『エミール』の別の箇所でこの語を然るべく使用している。[★9] だが、その使い方は、とりたてて意識的でなく、またアフリカ先住民の土着信仰に限定されている。用語としてはイドルのままで、ルソーはボン・ソヴァージュとしての原初的信仰を強調し、これを文明時代の宗教と峻別するのである。だがルソーの読者には、その区別はなかなかつけにくい。すなわち彼は、一方では、素裸で荒地を駆け巡っている自然人の神がみをイドルで表現し、他方では、高度な文明を築き上げたエジプト人の神がみをもイドルで表現するのである。例えば、『学問芸術論』では、「神がみずから選んだ民族」すなわちユダヤ教徒を「とりまいていた偶像崇拝的で博学な諸国民（les Nations idolâtres et sçavantes）」という表現がみられ[★10]、原始キリスト教徒を迫害する者としてもイドルを持ち出す──「しかし、偶像の祭司たち（les Prêtres des idoles）は、キリスト者を迫害するだけでは満足しないで、彼らを中傷することにとりかかりました[★11]」。ここに引いたイドラトリ、イドルは、明らかにネガティヴに用いられている。このように、ルソーは、イドルを或る時はポジティヴに、また或る時はネガティヴに使い分けるのだが、それは規則的である。すなわち、原初的信仰に用いる場合はポジティヴであり、文明宗教に用いるとネガティヴになるのである。

　しからば、ルソーはなにゆえド＝ブロスのごとく、術語において先史と文明との信仰の違いを峻別しなかったのか。そのわけは、ド＝ブロスを例外として、啓蒙の時代にはことばにおいてそのような峻別をする必要が未だ感じられなかったからである。一八世紀の中頃にド＝ブロスが登場し、原初的信仰対文明宗教を明確にフェティシズム対イドラトリと区別するまでは、イドラトリという名辞の中に、ポジもネガも渾然と含まれていたのであり、その使い分けは文脈でしっかりとつけられていたのである。あたかも、我々が日常用いるフレーズ、〔捨てる神あれば拾う神あり〕のように。それよりいっそう重大なことは、はたして先史に〔野生の自由〕を認めるかどうかということである、これを認める者の用いるイドルであれば、たとえそれがド＝ブロス以後の思想家のものであろうと、必ずポジとネガの二重のものと理解しなければならない。ところでルソーは、次のような言葉を遺して自殺した古代ローマのストア派思索家セネカ（Lucius Annaeus Seneca, 4BC - AD65）に影響されて[★12]、〔野生の自由〕を最大限称える一人であったのである。

「あのように野生のゆえに自由な民族（ゲルマニア人やスキタイ人）はみな、獅子や狼のように、他に従うこともできないが、他を治めることもできない。彼らが持っているのは人間的な素質の力ではなくて、野生で御しがたい（feri et intractabilis habent）何ものかの力だからである。そのうえ、支配されることもできない者は、支配することもできないのである（nemo autem regere potest nisi qui et regi）」。[★13]

第二節　可視的原因の信仰　―サン＝シモン―

ド＝ブロス著『フェティシュ諸神の崇拝』刊行の年に生まれたサン＝シモン（Claude - Henri de Rouvroy, Comte de Saint - Simon, 1760 - 1825）は、多産な思想家である。アメリカ独立戦争に参加した経験を持つこの名門貴族出身のフランス人思想家は、一八・一九世紀交の頃からたくさんものを書くようになる。[★14] そうした著作活動の過程で、彼が原初的信仰について本格的な言及をしたのは、一八一〇年の「新百科全集（*Nouvelle Encyclopédie*）」においてである。

一九世紀の百科全集を作成しようと意欲を燃やすサン＝シモンは、「新百科全書」中の「歴史の一般的分析の概要（*Aperçu d'une analyse générale de l'historie*）」で、「最初の人間たち（les premiers hommes）」を論ずる。彼によると、人類の歴史は、まず、「言語を組み立てることができるほど多数の約束の記号をつくり上げた時」に始まり、その時「人間は他の動物たちを凌駕するはっきりした知性の優位性を獲得していた」。[★15] これが第一期である。次いで第二期が始まる。

「人間はその知性の優位性を、まず最初に、自分の肉体的諸要求をより多く、より確実に満たすために用いた。人間は家畜の群を育成することによって、また土地を耕すことによって、生活を揺るぎなくさせることに努めた。人間は洞窟の住まいを捨て家を建て、この家を悪天候を避ける場所にした。人間はこれまで身にまとっていた毛皮に代えるために布地を織った。要するに、人間はさまざまな技芸を生み出し、この技芸のさまざまな分野で自分たちに基礎として役立ったすべての個々の特殊な観念を、我々が偶像崇拝と名づけたところの、一般的観念（à la conception générale á laquelle nous avons donné le nom d'*Idolâtrie*）結集させた」[★16]。

これに続いて、第三期、宗教上では多神教が登場し、その後第四期、多神教の完成としての一神教の時代となり、それに第五期、一神教の完成としての「物理的宇宙論」の時代が始まる。そうした後の時代は措くとして、ここではサン＝シモンの区分になる第一期と第二期とを問題にしたい。

その点でまず気にかかることは、「最初の人間たち」が築きあげた人類史の第一期に、サン＝シモンは宗教を見いだしていないことである。文脈から判断して、この時期は、我々の見地からすれば狩猟採集経済の段階である。ド＝ブロスがすでにそこにフェティシズムを発見した時代である。そうした時代に対し、サン＝シモンはなぜ宗教の存在を認めないのだろうか。スペインのアルタミラで動物壁画が発見されたのは一八七九年で、フランスのラスコーで似たような壁画が発見されたのは一九四〇年のことだから、サン＝シモンには原始狩猟民の生活や宗教的文化は未知だったのか。そのようなことはあるまい。彼の以前にはルソーがいる。また、一八〇八年に『四運動および一般的運命の理論（*Theorie des quatre mouvements et des destinees générales*, Leipzig(Lyon),1808）』を刊行してフランス思想界に波紋を投じたフーリエは―序論で紹介したように―、その後の著作で彼なりに人類史を四期に分け、その最初「野生《ソヴァージュ》」の段階を狩猟採集期に設定している。だから、サン＝シモンだけが農耕以前の先史社会に無知であったとは、到底考えられない。彼は、先史のことを彼の時代における歴史学的および民族学的（博物学的）知識を吸収することによって、しっかりと捉え、むしろ積極的に無宗教の第一期を設定したのであった。そのことは、「新百科全書」から三年後の「人間科学に関する覚書（*Mémoire sur la science de l'homme*）」第一部の叙述によって証明される。

「今では我々は、必然的に最も無知であった原始人から文明の点でも科学の点でも先行諸民族を無限に凌駕した現在のヨーロッパ人に至るまでを、切れ目のない一連の観察された諸事実によってたどることができる。

首長を認めず、いかなる宗教思想ももたず、なんの衣服もまとわず、洞窟または土地に掘った穴のほか住まうところなく、食物を生のまま食べ、復讐心や人肉への特別な好みによって人間の肉を食うという欲求に強く駆り立てられるまでもなく人肉を食べている食人種である小部族（peuplade）について、クックは語っている。

彼はまた文明度のいささか進んだ他の小部族について語っている。これらの小部族たちは首長を認め、（偶像崇拝によって証される constatées par des idoles révérées）或る宗教的観念をもち、食べ物を煮焼きし、動物の皮をまとい、地上に建てた住居をもち、たとえ殆ど三を超えることのない数記法であるとしても、とにかく或る言語をもっている★17」。

食人の風習《カニバリズム》はそれなりにトーテム信仰の初期的一形態にあることをサン＝シモンが知っていたならば、以上の引用文は書かなかったであろう★18。それはそれとして、サン＝シモンが資料的に依拠したジェームズ・クック（James Cook, 1728 - 79）の太平洋探検旅行は、一七六八年〜七九年に、三回にわたって行なわれた。そのクックは、航海に出る前、ド＝ブロスの著作『南方大陸への航海史（*Histoire des navigations aux Terres australes*, Paris, Durand, 1756）』の英訳本（John Callander, *Terra Australis cognita; or Voyages to the*

Terra Australis, Edinbourg, 1766 - 68）に影響を受けている。[★19] したがって、クックの航海記録には啓蒙期フランスの博物学（地誌学・民族学）の成果がにじみ出ている。サン＝シモンはそのクックを読んだ上で、人類最古の段階に無宗教時代を設定したのである。思うに、アフリカやフランス領ハイチの居住民に人種的偏見を抱いていたサン＝シモンには、[★20] 食人習を持つような先住民は宗教心を生み出すことがないとの判断が備わっているのだろう。クックの航海にはエジプトは含まれていないが、サン＝シモンは上掲の引用文のすこし後の方で、人類史を一二期に区分し、そのうち第七期までをエジプト人を頂点とする原始―古代史にあてがっている。そこではヨーロッパ各地で発見された野生児の記録とクックの航海記録、それからヘロドトス、トゥキュディデス、タキトゥスが活用された模様である。その第七期までを宗教の発展という観点から総括するならば、無宗教の時代（第一～第四期）と宗教観念生成の時代（第五～第七期）に大別される。ところで、サン＝シモンは、最後の第七期について二つの信仰を明確に区分し、一方を民衆の信仰、他方を学者集団＝支配者の信仰とみた。

「エジプトの学者集団は聖職者的な役割を果たした。学者集団はこの国における比類なき第一の権力であり、絶対的な力をふるった。この集団は二つの教義をもっていた。その一つは、学者集団が民衆に教えた教義であり、他の一つは学者集団がみずからのために、また入門を許された少数者のために保存され、この入門者たちに伝授された教義である。

学者集団が民衆に教えた教義は、偶像崇拝、唯物論、第一原因とみなされた可視的諸原因への信仰であった（La doctrine qu'il enseignait au people était l'idolâtrie, le matérialisme, la croyance aux causes visibles considérées comme premières causes）。学者集団は民衆に、ナイル河、アピスの神つまり牛、

ナイル鰐、玉葱を、太陽、月、さまざまな星座などと同様に崇めさせた。学者集団が自分たちのためにとっておいた教義は、もっとずっと高級なもので、彼らが民衆に教えた教義よりもはるかに形而上学的であった。可視的な諸原因は学者たちには第二次的な原因としか考えられず、これら可視的な諸原因より高次な原因の結果としかみなされず、学者集団はこの高次の原因を不可視的でなければならぬと考えた[★21]」。

ド＝ブロスをすでに読み知っている我々には、サン＝シモンのこの教義説明はド＝ブロスと反対に思える。すなわち、ド＝ブロスにあっては可視的なもの、第一原因としての生物、無生物を崇拝するものはイドラトリでなく、フェティシズムであり、逆に、可視的な諸原因の背後とかその上段にいっそう高次な不可視の原因を定め、これを崇拝するものこそイドラトリなのである。したがって、エジプトの二種の信仰に対するサン＝シモンの解釈をド＝ブロス的に改釈すれば、民衆の信仰＝フェティシズム、学者集団の信仰＝イドラトリとなる。そのような置換を前提にすれば、サン＝シモンは先史人の信仰中にフェティシズムの核心の一部を洞察し得ていたことになる。彼が無宗教と考えた時代、イドラトリと考えた時代、この二期は、ド＝ブロスにあってはフェティシズム発生とその拡大の時期に相当するのである。サン＝シモンは、人類最古の宗教に関する基礎知識を、ド＝ブロス著作にではなく、ヒューム（David Hume, 1711 - 76）の著作『宗教の自然史（*The Natural History of Religion*, 1757.）』に学んだと考えられる。というのも、この著作でヒュームは、人類最古の宗教をイドラトリないし多神教に見いだし、アジアやアフリカ、アメリカ諸大陸の先住民はおしなべて偶像崇拝者であり、そこに例外は一切見られないとしており[★22]、サン＝シモン自身がヘロドトス、トゥキュディデス、タキトゥスと並べて、そのヒュームを名指しにして、「わが同時代人の偉大なヒュームを読んでみよ。古い年代記類を丹念に調べ、古代の諸伝説を分析してみよ！」★23と力説しているからである。そうしてみると、サン＝シモンは、イドラトリにおいて、先史の、文明以前の信仰すべてを総称したのである。これに対し、多神教から一神教へと発展する段階を本来の宗教と考え、文明＝政治社会に特有にものとしたのである。よって、彼の場合には、イドラトリの中にフェティシズムが含まれるか、或いはイドラトリとフェティシズムが混在するとかというよりも、むしろ、イドラトリという術語において、実態的にはド＝ブロスの言うフェティシズム現象が表現されたのである。ヒュームの理論的限界を、サン＝シモンはそのまま共有したのだった。だから、術語さえ入れ替えれば、サン＝シモンの原初的信仰観はすぐさまフェティシズムに転化する。その過程は、サン＝シモン自身には看取されないが、弟子たちが発表した文献中に看取される。

第三節　イドラトリ説放棄　―コントおよびサン＝シモン派―

サン＝シモンの弟子とサン＝シモン主義者とは当然区別されねばならないが、ここではオランド・ロドリーグ（Benjamin Olinde Rodrigues,1794 - 1851）、バザール（Saint - Amand Bazard,1791 - 1832）、アンファンタン（Barthélemy - Prosper Enfantin, 1796 - 1864）ら、『サン＝シモンの学説解義（*Exposition de la doctrine de Saint - Simon*）』刊行にかかわった者たち、およびサン＝シモン晩年の一八二四年に自ら師弟関係を破棄したコント（Isidor Auguste Marie, François Xavier Comte, 1798 - 1857）を検討の対象とする。

まずコントをみる。[★24] 彼は師と訣別する二年前の一八二二年、「社会再組織に必要な科学的作業プラン（*Plan des travaux scientifiques nécessaires pour réorganiser la société*）を発表し、その中で師と同じように人類史の時代区分を行なった。だがそこに原始・先史は含まれず、したがって先史信仰も問題にされていない。コントによれば、人類の社会組織は奴隷制から始まり、原始・先史は考慮の外にある。イドラトリもフェティシズムも関係しない。「プラン」では、未だ、フェティシズムは、その用語も概念も登場していない。[★25] ところが、師と訣別した翌年の一八二五年に発表した「科学および科学者に関する哲学的考察（*Considérations philosophiques sur les sciences et les savants*）」では、フェティシズムが登場する。その概念・内容は詳述されていないが、文脈からみて、ここに言うフェティシズムは文明以前の信仰形態である。[★26]「プラン」の方は師サン＝シモンのために一八二二年五月に書かれたもので、師の著作『産業者の教理問答（*Catéchisme des Industriel*）』第三分冊に含まれる予定であった。したがって、こちらの論文は一人立ちしていなかった。それに対し、一八二四年三月の師弟関係決裂後の刊行になる「哲学的考察」は、自信あふれる哲学者コントの脱サン＝シモン的、或いは反サン＝シモン的と自負する一文であった。そこにフェティシズムが登場するのである。サン＝シモンのイドラトリは棄て去られた。その後一八二六年四月から、コントは自分独自の哲学、すなわち「実証哲学」の講義を開始し、かつそれを『実証哲学講義（*Cours de Philosophie Positive*）』と題する、結果的に六巻からなる大著に編集した。その作業は、第一巻刊行の一八三〇年から第六巻刊行の一八四七年まで続いた。ところで、その全六巻中、一八四〇年四月から四一年二月にかけて編集された第五巻、第五二講（第一章）は、fétichisme と fétiche で埋め尽くされている。「人類の神学的状態の第一段階―フェティシズムの時代に関する全般的考察（Considérations générates sur le premier état théologique de l'humanite : âge du fétichisme）」という副題の付いたこの章には、fétichisme のほかastrolâtrie（星辰崇拝）も登場する。そして、この二語によって示される宗教概念が、人類最古の精神運動として定義されるのである。[★27] また、一八四四年には『実証精神論（*Discours sur l'esprit positif*）』においてふたたびフェティシズムとアストロラトリが語られる。ただし、この二つの先史信仰の成立事情は、ド＝ブロスの場合と異なっている。ド＝ブロスでは、アストロラトリ（サベイズム）からフェティシズムが派生したか、或いはアストロラトリを欠いたままフェティシズムが発生したかの想定であったが、コントはフェティシズムからやがてアストロラトリが進化的に派生してくるとする。図式的に示せば、フェティシズム→アストロラトリ→多神教→一神教となる。とはいえ、コントのフェティシズム論は、ルロワ（Charles Georges Leroy, 1723 - 1789）を媒介にして、ド＝ブロスから伝えられたものを基礎に構築されたものではあった。[★28]

ところで、コントにおいて、人類最古の状態すなわちフェティシズムの段階は何を以って特徴づけられるか。その点に関しては、『実証哲学講義』第四巻中の第五一講に手掛りとなる一文が綴られている。

「……『祈り』が、人類の根本的発展の初期において極めて優れた特質を持っていたことは疑いない。早くから始まっていた宗教的精神の衰退以後、人間は事件の特徴を表わすために、自然に『奇蹟』という概念を発明せざるを得なかった。そうなると、これは神の特殊的な介入によるとされる例外的な事件に限られてくる。しかし、この概念自体、自然法則の一般原理がすでに親しみ深いもの、ある点では支配的なものにさえなり始めたことを明白に示している。なぜならば、この概念の意味とは、対立によって自然法則の一時的停止を示すことだけだからである。初めのころ、神学的哲学が完全に支配的であったうちは、すべてが奇蹟的に思われていたのであるから、奇蹟は存在しなかった。この事情は、古代詩の素朴な描写がはっきりと示している。そこでは、最も平凡な驚異も雄大な驚異も全く混同されて、同じような説明を受けているのである」。[29]

奇跡（奇蹟）とは、自然法則の一時停止で、その自然法則は原始・先史に知られていないのだから、奇跡もまた原始・先史には存在しない。奇跡が起こるためには奇跡の反対物たる自然法則が認識可能になっていなければならないのだから、奇跡は原始・先史時代にはけっして起こらない。このことは、コントの表現では「すべてが奇跡的に思われていたのであるから、奇跡は存在しなかった」となっている。奇跡は存在しない―これこそフェティシズムにぴったりの状況説明である。フェティシストにとってフェティシュは、なるほど自分には実現不可能な事を為すのだが、フェティシュであればその事は当然の、自然の行為である。それを実行したがらないフェティシュ、失敗を繰り返すフェティシュは打たれる。フェティシストは、フェティシュが奇跡を実行するとは考えていない。彼らには不可能な事をするが、信じ難いものではなく、むしろ逆に、最も信じ易いことをするのである。フェティシストは奇跡など知らないのである。コントはそこまでフェティシズムを捉えていたと考えてよい。[30]

次にロドリーグ、バザール、アンファンタンらの理解した原初的信仰を検討する。彼らは、一八二八年一二月から翌二九年八月にかけて、また二九年一一月から翌三〇年六月にかけての計二回、パリのタランヌ街でサン＝シモンの学説に関する公開講演を行なった。そのうち前半（第一年度）の最終講演、二九年八月一二日開催の第一七回はフェティシズムに関係するものである。テーマは「人類の宗教的発展―フェティシズム、多神教、ユダヤ的一神教とキリスト教的一神教」であった。原始―古代の宗教的発展過程を、サン＝シモンは〈無宗教→イドラトリ〉→多神教→一神教とし、コントは〈フェティシズム→アストラトリ〉→多神教→一神教としたのに対し、バザールらは次のように規定した。フェティシズム→多神教→一神教。そのうち、フェティシズムに関する講演内容をここに引いてみよう。

「フェティシズム、すなわち文明があまり進歩していない状態では、人間をその理解する神に結びつける殆ど唯一の感情は恐怖（la crainte）である。この際崇拝全体が敵対的な力の怒りをそらせることだけを目的としているように思われる。またもしときたま、この崇拝の中に愛が現われても、宗教的感情のこの表現はつねにあまりに弱く、あまりに例外的であるためこの崇拝の特性をなすことができない。もし人が、この時代に神が構想され、かたどられる規模の狭さを考えるならば、神は大きな崇敬の念を起こさせることができないことがすぐに理解されよう。それゆえフェティシストはその偶像（idole）と殆ど対等に契約を結んでおり、神に要求したものを彼が手に入れなかったときは偶像を罰する権利があると信じているのがみられる[★31]」。

バザールらはどこからフェティシズムを知ったか。いろいろな方面から聞き知ったであろうが、主たる源はたぶんコントであろう。コントは一八一七年から二四年までサン＝シモンの弟子であったし、またサン＝シモン派の中には、サン＝シモンの弟子のほか、コントの信奉者もいたのである[★32]。この講演の邦訳（野地洋行訳）に付けられた訳者「あとがき」によれば、この講演の企画、講演記録の編集などはサン＝シモン派の主要メンバーが総がかりで仕上げた[★33]。だから、彼らはサン＝シモンの弟子を自認しつつ、イドラトリ（サン＝シモン的）を棄て、フェティシズム（コント的）を採用したことになる。だが、内実まですっかりサン＝シモンを棄てたわけではなかった。「フェティシストはその偶像（idole）

と殆ど対等に契約を結んでおり（Le fétichste traiter à peu près de puissance à puissance avec son idole）」の一文は、まさに、サン＝シモンとコントとの折衷である。それにしても、ここに引用した講演内容は、idole を fétiche と置換しさえすば、殆どド＝ブロスのフェティシズムに一致する。ここには「対等（de puissance à puissance）」がみられ、〈崇拝・攻撃〉の特徴を示唆する「それを罰する権利（le droit de la punir）」が述べられてある。また、フェティシズム段階の野生人が抱く感情としてド＝ブロスが挙げた四種のものは恐怖（la crainte）、驚嘆（l'admiration）、感謝（la reconnoissance）、推理力（le raisonnement）であったからである。[★34]ド＝ブロスとの相異は、可視の生物・無生物そのものの崇拝という点だけである。そうであるなら、なぜバザール、アンファンタンらがコントにならって fétiche を用いなかったのか、いま一度不思議に思わざるを得ない。『実証哲学講義』、とりわけその第五巻刊行以前、コントは、fétichisme を用いても、fétiche を未だ日常的には用いていなかったと推測する以外に、理由は考えられない。この推測が正しいとすれば、一八二〇年代のコントは、ちょうど『エミール』を書いた時のルソーと逆の表現をしたことになる。なぜなら、ルソーはこの著作の中で、「アフリカ先住民のフェティシュ（les fétiches des négres）」崇拝をイドラトリの一つに数えることで、[★35]fétiche は用いても fétichisme は用いなかったからである。

ところで、サン＝シモンからコントないしサン＝シモン派への原始信仰論の展開過程で、イドラトリは欠落することになった。イドルはサン＝シモン派に残ったが、イドラトリの方はコントもサン＝シモン派も棄てた。かつて、ルソーがイドラトリの段階と考え、サン＝シモンが〈無宗教→イドラトリ〉の段階と考えたところを、コントもサン＝シモン派もフェティシズム段階と考えるようになったのである。ド＝ブロスがあれだけ執拗にフェティシズムとイドラトリとの段階的区別を施しだのは、双方とも原始・

先史信仰の一時代を画す、重要な、別々の概念を保持していたからである。したがって、原始・先史信仰の歴史からイドラトリを抹消することは、ド＝ブロスには信じ難い暴挙である。だが、ルソーにもサン＝シモンにも、またコントにもサン＝シモン派にも、（a）自分たちが自分たちの神を選びとり、別物でなくそれ自身を崇拝し、望みを叶えてくれなければこれを打つといった信仰と、（b）個別に定められた物在・生物を拝むことによりその背後に臨まれる不可視の神を崇めるといった信仰を明確に区別する基準はなかった。そのため、ルソーとサン＝シモンは（a）を以って宗教の始原とし、それをイドラトリと名づけ、またコントとサン＝シモン派は、同じく（a）を以って宗教の始原とし、それをフェティシズムと名づけ、（b）についてはこれを多神教と名づけたのである。（a）について或る時はイドラトリとし、或る時はフェティシズムとする事自体、ド＝ブロスには肯んずるわけにいかないが、（b）についてもたんに多神教とするのでは許し難い。なぜなら、眼前に拝む像の背後に真正な神が存在する形態をイドラトリとするのであれば、事情によっては一神教もイドラトリに含まれるからである。例えば、ゲルマン布教時のキリスト教が想起される。よって、ド＝ブロスの場合、フェティシズム≠イドラトリであるだけでなく、イドラトリ∋多神教でもあったのである。大別すればフェティシズム＝原始・先史信仰、イドラトリ＝文明宗教（多神・一神のすべてを含む）となるのであった。ただし、ド＝ブロス自身、たとえ匿名の出版物であったにせよ、自著でそこまで明言してはいないが、論理的に推していけばそのように言える。要するに、ルソーからサン＝シモン派までのフランス人思想家たちは、フェティシズムとイドラトリの各々の概念を峻別した上でフェティシズムの概念を理解したわけではなかったのである。このことは、たんにフェティシズムという術語を使わなかったか（ルソー・サン＝シモン）、或いは使ったか（コント―サン＝シモン派）のレベルの問題ではない。ド＝ブロス理解の程度では五十歩百

歩のところがある。★36

次節からは、舞台がドイツに移る。

第四節　動物崇拝先行説　―ヘーゲル―

フェティシズムが、ドイツにどのように入ったか。それを一八三三年ライプツィヒ刊の或る哲学辞典で探ってみよう。ヴィルヘルム・トラウゴット・クルークという人物の編集でブロックハウス社から刊行されたそれ（*Allgemeines Handwörterbuch der philosophischen Wissenschaften, nebst ihrer Literatur und Geschichte*）の第二巻（f～m）に含まれるFetischismusの項をみると、おおよそ次のことがらが書かれている。フェティシズムは、フェティシュと呼ばれる、何か有形のものに備わる神のごときを知覚し、崇拝することである。この語は間違いなく、ポルトガル語のFetiçoないしfetissoに由来し、それはポルトガル人がアフリカのセネガル沿岸で発見した先住民たちの偶像（Götzen）につけられた名称である。フェティシズムはおそらく最古の崇拝形態で、汎神論（Pantheismus）の最も粗野な形態である。これを信仰する粗野な自然人は、何よりもまず自然が生み出したままのものに神を予感し、次いでそれを借用しただけのような人工物に神を予感した。石、丸太、羽毛、杭、爪などが神とされた。ギリシア人もがんらいはフェティシュ信仰者であった。後になっても依然として古い神殿には石とか丸太とかが神体として置かれていた。だがやがてギリシア人のもとで人間の姿をした神がみが創られ、神の人格化が進んだが、そのわけは、人間の姿こそこの世で最も完成されたものにして最も美を感じさせるものだからである。したがって、彼らのフェティシズムは人間崇拝（Anthropolatrie）へと品位を高めた。他方、エジプト人は動物を神として崇め続けたため、彼らのフェティシズムは動物崇拝（Zoolatrie）となった。また拝火（Pyrolatrie）とかあらゆる類の異教崇拝もフェティシズムの一種と見做される。フェティシュはどれも人間が神としたものにすぎないから、時にこれを信仰者が投げ棄てたり、売り払ったり、交換したり、或いは虐待するとか破壊するとかしても、不思議ではない。信仰者の意志に従わないフェティシュは別のものと取り換えられるだけのことである。フェティシュならびにフェティシズムという語はド＝ブロス『フェティシュ諸神の崇拝』一七六〇年刊のピストリウス訳版（シュトラールズント、一七八五年八月）ではじめて一般的となった。それから、フェティシュ崇拝とその発生に関するティーデマン（Tiedemann）の論文（フィッシャー・ドイツ語月刊誌、一七九六年九月号、三九頁）も参考となる。フェティシズムの痕跡、遺物はキリスト教の中にも紛れ込んでいる。聖別されたパン切れを神のように考え、その前に跪く聖体顕示台（Monstranz）とか、崇拝の対象とされる聖遺物とかは、フェティシュの特殊化された形態以外の何物だろうか。★37

この哲学辞典は一八三三年刊だが、それは改訂増補の第二版である。したがって、ライプツィヒから全ドイツへ向けて、これだけド＝ブロスに近いフェティシズムが紹介されたのは、もう少し早い時期になろう。フランスでサン＝シモン派が、間接的に聞き知ったフェティシズムを問題にしていた頃、ドイツではド＝ブロス著作それ自体がピストリウスの独訳版を通じて知られるようになっていたのである。だがしかし、これから検討するヘーゲル（Georg Wilhelm Friedrich Hegel, 1770 - 1831）は、ド＝ブロス著作ないしその独訳版に触れることなく一生を終えた模様である。

ヘーゲルの全著作を読み切らずとも、現代のハイ・テクを活用してヘーゲルのフェティシズム言及を探索することができる。千葉大学・加藤尚武研究室のヘーゲル・データベースに依頼して、各種のヘーゲル著作集中のfetisch（大・小文字および合成語を含む）を検索してもらったところ、多少とも関連する術語はSuhrkamp版（hg. V. E. Mordenhauer u. K. Michel）第一巻（ベルン時代一七九三〜九六年）だけにしかなかった。それもFetischismusは一件もなく、Fetischglauben四件、Fetischdienst一件のみであった。[★38]それらの語が綴られている箇所をより細部にみると、一七九三〜九四年の間に記述された「民族宗教とキリスト教に関する断片（*Fragmente über Volksreligion und Christentum*）」中の「啓蒙—悟性によってはたらきかけようとする意図（Aufklärung - Wilkenwollen durch Verstand）」にあたる。[★39]一六世紀以来ポルトガル人のセネガル貿易が拡大したのだから、フェティソ→フェティシュというかたちでヨーロッパ人にアフリカ先住民の神がみが知られたのは、ヘーゲルの時代にしてみればかなり昔のことになる。したがって、ヘーゲルがフェティシュという語を若い時代に神学論文中で使用したとして、何の不思議もないし、何の独創性もない。むしろ端的に言って、フェティシュに言及したベルン時代に、ヘーゲルはフェティシズムという術語、およびこれが綴られてあるド＝ブロス著作のピストリウス訳版を知らないのである。[★40]とはいえ、私が千葉大学のヘーゲル・データベースに依頼した一九九〇年一月段階では、全二〇巻からなるSuhrkamp版ヘーゲル著作集のうち、検索可能なのは第一第〜九巻までであった。後期の著作に、フェティシュ関連語はしかと記されてあるのである。次にそれを検討する。

一八一八年ベルリン大学の教授となったヘーゲルは、同大学でほどなく『宗教哲学講義（*Vorlesungen über die Philosophie der Religion*）』を行なうが、そこにフェティシュ関連語が出てくる。彼がベルリン大学でこの講義を最初に行なったのは一八二一年（五一歳）の夏学期である。その内容はヘーゲル死の翌年、すなわち一八三二年から四五年にかけて刊行されたヘーゲル著作集に収められることとなった。「故人の友人の協力による完備した版」（一八三二年初版、四〇年第二版）と称されるこの最初の集成ののち、一九一一年からG. Lasson編のヘーゲル全集（ライプツィヒ、フェリクス・マイナー書店）が出た。さらに、一九二七年からH. Glöckner編のヘーゲル全集（シュトゥットガルト、フロムマン書店）、一九五二年からJ. Hoffmeister編のヘーゲル全集（シュトゥットガルト、フロムマン書店）と続く。いま、私の手元にある『宗教哲学講義』ドイツ語版は、上述のうちLasson編のもの（一九二五年のものの一九七四年再版）および最新のJaeschke編のもの（一九八五年）である。それらのうち、最新のJaeschke編、特にその編者注が、我々の問題とするフェティシュにとって重要な手掛りとなる。そのまえに、まずはヘーゲルのフェティシュ言及箇所を検討しよう。その際重要なことの一つとして、ヘーゲルは宗教の始原をフェティシズムに見立てず、その前段階に動物崇拝を見いだしていることが挙げられる。

「アフリカの西海岸ではどの家にも蛇が一匹ずついて、それを殺すことは最も大きな犯罪である。動物はこのように一方では崇拝されるが、それにもかかわらず他方ではまたその崇拝に関して最大の恣意に委ねられている。先住民たちは手当り次第の動物を呪禁（Zauber）とし、それが無効な時はこれを棄て、また別の動物を用いる。これが動物崇拝の本質（das Wesen des Tierdienstes）である。動物崇拝ということが存在するのは、人間または精神的なものが自己をまだその真の本質性において捉えなかったからである。人間の生命性（Lebendigkeit）はしたがってただ自由な自立性である」。「輪廻と結びついている動物崇拝にあっては、この〔動物―イエシュケ版〕におけるこの生命性のみならず、或る内在的精神の観念がこの生命性に結合していることが、重要かつ本質的な契機であって、したがって、本来その精神的主体が生ける動物の中で崇拝されるのである。ただ、この圏内では直接的な自己意識が根本規定をなしているので、ここで崇拝されるものは生命性一般にすぎない。したがって、或る生命あるものの崇拝はなにか偶然的なものであって、時には甲の動物が、また時には乙の動物が選ばれ、満たされない願望が生じる毎に崇拝の対象が変更されるというようなことになる。中国やアフリカの人びとのもとでは、自分自身が自分の崇拝するものとひとつになるが、彼に不快なことが生ずるや、今まで崇拝してきたものを、また同じように即座に投げ棄てるということがある。してみると、他のどのような事物(Ding)でも事足りるのであって、手製の偶像(Idol)でもよければ、山や樹などでもよいわけである。子どもが遊びたいという衝動をもち、大人が着飾りたいという衝動をもつのと同じく、この場合にも何かを自立的なもの、強力なものとして対象的にもちたいという衝動が存在し、また一つの恣意的な結合の意識が存在する。そうして対象の詳細な規定が差し当たりどうでもよいように思われるのと同じく、この恣意的な結合もまた容易に棄て去られるものなのである。

これが、就中、フェティシュ(Fetischen)として理解されることである。フェティシュとは一般に――彫刻物、木片、動物、河川、樹木など、それから閉じ込めたバッタである。したがってフェティシュはすべての諸民族にとって存在し、またいかなる個人にも存在する。フェティシュと偶像とは同一のものである(Fetisch und Idol ist dasselbe)。それはポルトガル語の転訛であって、偶像と同義である[★41]」。

ヘーゲルは、動物崇拝をフェティシュ崇拝としない。成立順としては、文脈から判断して、動物崇拝が先で、これからフェティシュ崇拝が派生してくるように捉えている。しかし、ヘーゲルが動物崇拝の中味として詳述することがらは、ド＝ブロスにあってはまさしくフェティシズムである。時には甲の、また時には乙の動物が自然人の気の向くままに崇拝されるのであるとしたなら、それは今日的な研究水準でいう先史のトーテミズムでもなければ、古代エジプトで文明期に入って成立した政治宗教的な―ド＝ブロス的に言えばイドラトリとしての―動物崇拝でもない。ヘーゲルはヘーゲルなりに、フェティシズムの現象を掴んでいたのである。しかし、ヘーゲルには、フェティシズム（原始・先史信仰）としての動物崇拝と文明宗教（多神教）としての動物崇拝の区別がない。おそらく、後者は前者の遺制としか理解していない。いや、右の引用文中の「生命性一般」とか「精神的主体」と動物との区別立てをみる限り、ヘーゲルはフェティシズムとしての動物崇拝でなく象徴崇拝としてのそれしか知らないと言える。それから、ヘーゲルは、フェティシュという語を知っていて、フェティシュ信仰の存在をも知っていながら、ド＝ブロスの造語フェティシズムとその定義を自覚的には知らない。そうだからこそ、「フェティシュと偶像は同一のものである」とか、フェティシュは「偶像と同義である」とかの講義ができたのである。ヘーゲルがド＝ブロスとその著作『フェティシュ諸神の崇拝』を直接には知らなかった根拠を、もう一つ挙げよう。

右に引用したヘーゲルの文章はJaeschke編集版からのものだが、そのイエシュケはこの引用箇所の原文に次の注を付けている。

「ヘーゲルはおそらくスミスの日誌を引合いに出しているのであろう。J・K・タッキー、R・N・隊長指揮下に一八一六年南部アフリカのザイール河、通称コンゴ河で行なわれた探検旅行の記録には（以下のような）スミス教授の日誌が添付されている。……ロンドン、一八一八年（刊）、三七五（頁）。『だれもみな自分のフェティシュを持っており、中には身に振りかかるかもしれない想像上のあらゆる不運に対して、少なくとも一ダースの、きわめてたくさんの守護神を持っている。その言葉はポルトガル語のフェイティソ（feitico）のことで、魔力（charm）、魔法（witchcraft）、呪術（magic）などを意味している。またとりわけ注目すべきことに、それは（アフリカ）西岸の先住諸部族すべての間で広く存在している。／まったくくだらない自然物で、先住民のフェティシュとして役立たないものは何一つない。あらゆる四足獣の角、ひづめ、毛、歯、鳥の羽毛、くちばし、爪、頭骨、骨、蛇の頭や皮、貝殻とか魚のヒレ、古びた鉄、銅、木片、植物の種、時にはそれらすべてを、或いはそれらの大半をごたまぜにしてひもに通したもの』。―スミスはまず第一に、不幸が生じてもフェティシュにその責任が負わされることはないと報告している。だが、フェティシュがその威力を失えば（別のものに）取り換えられた場合のことを叙述している。―この書物を―たぶん宗教哲学講義のために―手に入れようとする一八二四年五月二六日のヘーゲルの努力については、ヘーゲル往復書簡、第三巻、四五、三七二頁、三七三頁をみよ[★42]」。

ヘーゲルが宗教哲学講義の中でフェティシュに言及したのは一八二四年と一八二七年の二回、いずれも**Bestimmte Religion**中でのことである。その日付と上掲引用文の「ヘーゲルの努力」の日付とを考慮すれば、彼の情報源はスミス（Christen Smith 1785 - 1816）だということが断定できる。また、スミスの日記中に出てくるポルトガル語feiticoは、ヘーゲルの別の講義、歴史哲学講義（一八二二年冬学期以降、著作刊行は一八三七年E・ガンス編）にそのままのかたちで登場する。[★43] ド＝ブロスは、同じくポルトガル語を自著に引いたのではあるが、fetissoとしている。これを独訳したピストリウスもFetissoとしている（p. 18, S. 11）。こうしてみてくると、フェティシュを調査しようとするヘーゲルの眼前に、ド＝ブロスないしピストリウスは存在しなかったと考えられる。それどころか、ヘーゲルは、歴史哲学講義でフェティシュを語った際、学生たちにとんでもない反ド＝ブロス的見解を披露したのである。いわく、「このようなフェティシュには宗教的独立性もなければ、まして芸術的独立性などない。それはただ創造者の恣意を表現している被造物にすぎず、いつまでも創造者の手中を脱し得ない。要するに、この宗教の中には依存の関係というものはまったくないのである（kurz, es ist Kein Verhältnis der Abhängigkeit in dieser Religon）」。★44 ヘーゲルがド＝ブロスを読んでいないということは、彼がフェティシズムという術語を一度も用いていないことからも判る。そうであるから、ヘーゲルは、フェティシズム（交互）とイドラトリ（転倒）という、ド＝ブロスによって明確に定義づけられた内実を捉えないまま、そのあたりは漠然とさせたまま、原始・先史信仰を講義したのである。両者の違いを学んだ上で混同したのでなく、そもそもその違いを知らぬまま、原始・先史（フェティシズム）と文明（イドラトリ）との双方にまたがる動物崇拝を原始・先史に位置づけたのである。

そのような講義をベルリン大学で聴講した学生の一人に、ルートヴィヒ・フォイエルバッハがいる。彼は一八二三年にハイデルベルク大学に入り、プロテスタント神学を研究したのち翌二四年、ベルリン大学に転学し、また二五年、専攻を神学から哲学にかえ、ヘーゲルの講義を傾聴した。それは、ちょうどヘーゲルが宗教哲学講義でフェティシュに言及した時期と前後している。またその講義はヘーゲル門下の高弟ヘニングの補足講義によっていっそう深められていた。一八二七年、フォイエルバッハはふたたび大学をかえ、こんどはバイエルンのエアランゲン大学にうつり、翌二八年、同大学に学位論文「統一的・普遍的・無限的理性について（De ratione una, universa, infinita）」を提出し、学位を得、またこの論文をベルリンのヘーゲルに送った。ヘーゲルとの関係においてそのようないきさつを有するフォイエルバッハは、彼もまた一八四〇年代に入って先史・自然信仰を研究し、ドイツ革命の頃にはこれを熱っぽく人々に講演することとなる。だが、どうであろう。学的に成熟したフォイエルバッハの原初的信仰論・自然信仰論は、師ヘーゲルの曖昧さをすっかり止揚し、みごとなフェティシズム論となって、師を批判できる高みに昇っていたのであった。★45

★註

1　ルソー著、桑原武夫・前川貞次郎訳『社会契約論』岩波文庫、一五四頁。なお、この文章にはルソーの手になる、以下の注が付いている。「『ロムルス』(Romulus)から由来していると主張されている『ローマ』という名前は、ギリシャ語であって、『力』を意味している。『ヌマ』（Numa）という名前もまたギリシャ語であって、『法』を意味する。この都市の最初の二人の王が、彼らの事績にこれほど深い関係のある名前を、あらかじめもっていたとは、なんとみえすいたことではないか？」一五四頁。

2　ルソー著、本田喜代治・平岡昇訳『人間不平等起原論』岩波文庫、原注および訳注参照。

3　酒井三郎『啓蒙期の歴史学』日本出版サービス、一九八一年、一八四頁、一八九頁。なお、酒井三郎（一九〇一～八二年）は私の恩師であり、ここに引用した著作刊行にあたっては引用ドイツ語文の邦訳添付等、種々手伝わせていただいた。先生は、右著作刊行の翌年なくなられた。

4　L'Encyclopédie,《Fétiche》今村仁司著『社会科学批評』国文社、一九八三年、二二四頁。

5　百科全書とド＝ブロスとの関係について、プルーストは次のように述べている。「彼は『百科全書』に協力もし、ディドロのような人間やヴォルテールの如き人間との接触も恐れなかった。語源学に関するド＝ブロスの、百科辞典への貢献は、この同じ題目で早くも一七五一年に、碑文アカデミー Académie des inscriptions に提出した諸論文の続きとして、また一七六六年に刊行した論文『言語の体系的構成について』の周辺のものとして記録される性質のものだ」。J・プルースト著、平岡昇・市川慎一訳『百科全書』岩波書店、一九七九年、一九～二〇頁。

6　J., J. Rousseau, *Œuvres Complètes III, Discours sur les Sciences et les Arts, Bibliothèque de la Pléiad*, Paris, Gallimard 1964, p.22. 訳文は前川貞次郎訳『学問芸術論』岩波文庫、三九～四〇頁を借用。なお、ルソーのフランス

語原文入手については千葉経済短大（一九九一年現在）の教員、中村秀一の協力を得た。

7　J., J. Rousseau, *Œuvres Complètes IV, Émile*.. Bibliothèque de la Pléiad, Paris, Gallimard 1969, p.646. 訳文は、今野一雄訳『エミール』岩波文庫、中巻、二三六頁を借用。

8　『エミール』中には、人間と神の同一性を物語る、次の一節が読まれる。「良心！ 良心！（Conscience, conscience!）神聖な本能、滅びることなき天上の声、無知無能ではあるが知性をもつ自由な存在の確実な案内者、善悪の誤りなき判定者、人間を神と同じような者にしてくれるもの（qui rends l'homme semblable à Dieu）、おんみこそ人間の本性をすぐれたものとし、その行動に道徳性をあたえているのだ。おんみがなければ、私は、規則をもたない悟性、原則をもたない理性に助けられて、過ちから過ちへとさまよっているみじめな特権のほかに、獣よりも高いところへ私をひきあげてくれるなにものもわたしのうちに感じない」。J., J. Rousseau, *Œuvres Complètes IV, Émile*.. pp.600 - 601. 訳文は今野訳『エミール』中巻、一七二〜一七三頁を借用。

9　ルソーのフェティシュ言及は次の文脈においてみられる。「原始時代を通じて、あらゆることに脅かされていた人間は、自然の中に死んだものをなにもみとめなかった。彼らにあっては物質の観念も精神の観念よりはやくつくりあげられたわけではない。物質の観念そのものもまた一つの抽象なのだ。そこで、彼らは宇宙を感覚的な神がみでいっぱいにした。星、風、山、川、樹木、都市、さらに家も、すべてが魂をもち、神をもち、生命をもっていた。ラバンがもっていた小像、アメリカ先住民のマニトゥ神、アフリカ先住民のフェティシュなど、すべて自然と人間とがつくりだしたものが人間の最初の神がみだった（Les marmousets de Laban, Les manitou des sauvages, las fétiches des négres, tous les ouvrages de la nature et des hommes ont été les prémiéres divinités des mortels.）。多神教が彼らの最初の宗教で、偶像崇拝が最初の祭式だった（le polythéisme a été leur prémiére religion, et l´idolâtrie leur premier culte.）」。J. - J. Rousseau, *Œuvres Complètes IV, Émile.*, pp. 552 - 553. 訳文は、今野訳『エミール』中巻、一〇〇〜一〇一頁を借用、一部改訳。文中の Les marmousets de Laban は旧約聖書の創世紀三一、一九に出てくるテラピムのことである。「その時ラバンは羊の毛を切るために出ていたので、ラケルは父の所有のテラピムを盗み出した」。ド＝ブロスも、次のような文脈でこれに言及している。「ヤコブの妻ラケルは、かの女の父シリアのラバンが持っていた不恰好な小像のフェティシュすなわちテラピム（les marmousets Fétiches ou Tsèraphins de Laban le Syrien）にたいそう執着したため、父のもとを離れるに際し、そのものを盗み出した。そのことで父がかの女を追跡した時、かの女はそのものを衣服の下に隠したあと、何のためらいもなく、父が近づいてきてもその場を立たないで済むよう仮病を使った」（p.139, S102）。引用文の通り、ド＝ブロスはラバンの小像をフェティシュとしている。しかし、通常、ラテン語聖書では、このテラピムは idola と記される。Eo tempore ierat Laban ad tondendas oves, et Rachel furata est idola patris sui.（Biblioteca de Autores Cristianos, de La Editorial Católica, S.A.Madrid 1977.）ルソーは、表現の上ではラテン語の旧習に従っているようである。因みに、ドイツ語訳聖書では、このテラピムは Hausgötter（家神）と記されている。Laban war weggegangen, um seine Schafe zu scheren. Da stahl Rachel die Hausgötter ihres Vaters.（Herder, Freiburg. Basel. Wien, 1965.）また、ルソーが述べる manitou des sauvages もド＝ブロスによって詳しく論じられている。

10　J. - J. Rousseau, Œuvres Complètes III, Discours sur les Sciences et les Arts, p.44. 前川訳、八一頁。

11　*Ibid.*, p.45. 前川訳、八三頁。

12　ルソーへのセネカの影響については拙著『ヴァイトリングのファナティシズム』長崎出版、一九八五年、第三章第二節「ルソー・セネカへの遡及」を参照（石塚正英『革命職人ヴァイトリング』社会評論社、二〇一六年、再録）。

13 Seneca, *Moral Essays, in Seneca ten Volumes*, I with an English Translation by J. W. Basore, Ph. D, Harvard Univ. Press Cambridge, Mass., William Heinemann, London, 1985, pp. 200 - 201. セネカ著、茂手木元蔵訳『道徳論集』東海大学出版会、一九八九年、一六三頁。

14 サン＝シモンの生涯と著作活動については、以下の文献に詳しい。森博「サン＝シモンの生涯と著作」（一）〜（五）、森博編訳『サン＝シモン著作集』全五巻、恒星社厚生閣、一九八六〜八七年、所収。中村秀一『産業と倫理―サン＝シモンの社会組織思想』平凡社、一九八九年。

15 *Œuvres de Claude - Henri de Saint - Simon*, t. VI, Paris, Éditions Anthropos, 1966, p. 318. 森博編訳、『サン＝シモン著作集』第一巻、二二二〜二二三頁（訳文は森訳を借用、一部表現を改めた。フランス語の挿入は石塚、以下同様）なお、サン＝シモンのフランス語原文入手について千葉経済短大の中村秀一の協力を得た。

16 *Ibid.*, pp. 318 - 319. 森編訳、同上、二二三頁。

17 *Œuvres de Claude - Henri de Saint - Simon*, t. V, Paris, Éditions Anthropos, 1966, p. 116. 森博編訳『サン＝シモン著作集』第二巻、六九〜七〇頁。

18 トーテミズムは一九世紀前半には知られていない。トーテミズムにおいては、トーテム動物とトーテム信仰者（人間）との間に原則的な区別がないこと、またトーテム信仰者はトーテム動物を食用にしたということ、また年老いたトーテム成員―ホルド段階ではその成員―は若い成員たちに食されることこそ最上の幸福であったことなどは、のちの研究で明らかにされるのである。その点についてはセミョーノフ著、中島寿雄・中村嘉男・井上紘一訳『人類社会の形成』下巻、法政大学出版局、一九七一年、参照。なおこの著作中でセミョーノフは「トーテミズムは、その最初の形態では宗教でなかった」、「当初はそのうちに超自然的力に対する信仰を含んでおらず、それ故にその発端の形態では宗教であるということはできない」としている（一一〇～一一一頁）。その見解に私も同調するが、まさかサン＝シモンはそこまで洞察した上で農耕以前に原始・先史信仰も認めなかった訳ではあるまい。

19　詳しくは古野清人『宗教生活の基本構造―その社会・文化的研究―』社会思想社、一九七一年、第一章「シャルル・ド・ブロスと実証的精神」（一二～六八頁）を参照。

20　サン＝シモンのアフリカ系住民差別意識は、例えば、ナポレオン時代のハイチ革命をめぐる次の文脈に示されている。「イギリス人は、今日、反対の方向をたどっている。彼らはヨーロッパの最も無知で最も迷信的な国民であるスペインの立場を支持した。彼らは、地上のヨーロッパ植民地のうちで最も美しく、最も富み、最も文明化した植民地であるサン・ドミンゴに住んでいるフランス人を虐殺するために、この植民地のアフリカ系住民たちと、つまり、人類の最低変種と、ヨーロッパ人と猿との中間とみなしうる動物と、同盟を結んだ」。「イギリス人は、白人を殴るという乱暴をあえてしたアフリカ系住民たちを独り残らず駆逐することを目的とした遠征を、ナポレオンと協力しておこなうべきであった」。サン＝シモン「百科全書の計画（*Projet d'Encyclopédie*）」、森編訳『サン＝シモン著作集』第一巻、二五二～二五三頁。

21　*Œuvres de Claude - Henri de Saint - Simon*, t.V, p.134.

22　古野清人『原始宗教』三一書房、一九七三年、一一一～一一二頁参照。

23　サン＝シモン「人間科学に関する覚書　第一分冊」、森編訳『サン＝シモン著作集』第二巻、六八頁。

24　コントの原始宗教論、フェティシズム論に関し、わが国ではすでに以下の労作が発表されている。本田喜代治『フランス社会思想史研究』第二巻（コント研究―生涯と学説）、法政大学出版局、一九六八年（初版の序は一九三五年のもの）。今村仁司「フェティシズム論からイデオロギー論へ」、今村仁司『社会科学批評』国文社、一九八三年、所収（初出、『現代思想』一九七五年三月号、四月号）。

25 コント著、霧生和夫訳「社会再組織に必要な科学的作業のプラン」、清水幾多郎・責任編集『世界の名著36、コント・スペンサー』中央公論社、一九七〇年、所収。一一五～一一六頁に次の一節が読まれる。「私は文明史が、世俗的にも精神的にも性格の違った三つの大時期、すなわち三つの文明段階に分けられると思う。（中略）／第一の時期は、神学的・軍事的時代である。／この段階の社会においては、一般的なものも個別的なものも、あらゆる理論的観念は、純然たる超自然の領域に属している。完全に、そしてはっきりと想像が観察に優先し、観察には検討の権利が与えられていない。／同じく、一般的なものも個別的なものも、あらゆる社会関係は、完全に、そしてはっきりと軍事的である。社会の唯一不変の活動目的は征服である。産業としては、人類の生存に不可欠なものしかない。主要な制度は、生産者の無条件な奴隷制である。／文明の進歩の生み出した最初の大きな社会組織はこのようなものである」。

26 コント著、土屋文吾訳「科学及び科学者に関する哲学的考察」、土屋文吾訳『社会の再組織について』創元社、一九四九年、所収。一三八頁に次の一節が読まれる（旧字旧仮名は新字新仮名に改めた）。「観察の進歩の影響により先ず人間精神は現象の関係がより多くの普遍性を獲得するに従い、最初には多くの作因を必要とした諸機能を唯一の作因に帰結せしめる事によって超自然的作因の数を漸次減少するに至った。この結果は極端まで推し進めると終には神学的体系を単純化してこれを唯一に帰結するまでに至る。／この時期以来人間精神を先ず呪物崇拝（フェティシズム）から多神論に、次に多神論から一神論に導いた同一原理の連続作用によって人間精神は大きな超自然的原因を実証的法則の知られていない現象にだけ保留する事によってますます超自然的原因の直接介入を狭めるに至る」。

27　*Cours de Philosophie Positive* par M.Auguste Comte, t. V. Paris, Bachelier, Imprimeur - Libraire, 1841. : Impression Anastocltique Culture et Civilisation, Bruxelles, 1967, pp. 1 - 106. 文中、fétichisme は三八箇所（pp.31 - 33,36 - 42,45 - 48, 50,52,54 - 55,59 - 60,65 - 66,70,73,75,87 - 89,91,95 - 96,98,102,105 - 106）、fétichiste は三箇所（p.45,50,70）、fétichique は一箇所（p.98）、fétiches は四箇所（p.95,101,105 - 106）、astrolâtrie は三箇所（p.36,59 - 60）に各々記されている。なお、文中にポリネシア語に由来する Tabou（タブー）も用いられている（P.75.）一九世紀民族学の進展にコントも注目していた証拠である。

28　今村、前掲書、二二四頁参照。

29　コント著、霧生和夫訳「社会静学と社会動学―『実証哲学講義』第四巻より」、『世界の名著36、コント・スペンサー』、三〇三頁。

30　本田喜代治によれば、コントは一八五一～五四年にかけて四巻本で刊行した『実証政治体系（*Système du politique positive*）』を機に、フェティシズムを人類社会の未来にも掲げることとなった。特にその第四章では「まず、『人間は生者より多くの死者よりなる』という立場から、これを崇拝の対象として『大存在 grand Être』と名づけ、人間の住むこの地球を『大呪物 grand Fétiche』と称してフェティシズムを高揚し、地球の動く空間を『大環境 grand Milieu』といっている」。本田、前掲書、一五二頁。

なお、明らかにコントの影響下でフェティシズムを論じるようになったと考えられるミハイル・バクーニン（M.A.Бакунин,1814 - 76）の一文を引用しておく。まずは一八六七年頃に書かれた「連合主義・社会主義・反神学主義」中の一節。「一八世紀以来オセアニアの島々を訪れた旅行家たちや、今日アフリカ内陸部深くに入った旅行家たちの一致した報告によって判断するなら、呪物崇拝（フェティシズム）こそ最初の宗教、自然状態に最も近い、あらゆる非文明民族の宗教である。しかし、呪物崇拝は恐れの宗教にほかならない。それは、すべての動物の生の内奥に見られ、すでに述べたように、どんな下等な種においても、個体と自然の全能性との宗教的関係を作っている、本能的恐怖と入り混じった絶対的依存の感覚の、最初の人間的表現である」。「人間の言葉は、感覚に直接働きかける実在の物を名付けることはできず、その概念、抽象的一般性だけを表わすところに、その独自性がある。そして、言葉と思考は、人間の内省というただ一つの同じ行為の、二つの異なってはいるか不可分の形態であるから、思考は、動物的恐怖や崇拝、人間の最初の自然崇拝の対象を明確に定め、普遍化し、抽象に変え、それに一つの名前を与えようと努める。ある個人が実際に崇拝する対象物はつねに、これであり、この石であり、この木片であって他のどれでもないが、言葉によって名付けられたときから、抽象的な対象、概念となり、一般化された、一つの木片、一つの石となる。かくして、言葉によって表わされる思考の目覚めとともに、人間だけの世界、抽象の世界が始まるのである」。「人間の想像的内省は、どんな動物にもその原型と痕跡が認められる自然崇拝を、呪物崇拝という基本形式をとった人間の崇拝に変えるものである。動物たちが自分の生活の上に直接かつ強力な影響を現実に及ぼす自然の大現象を本能的に崇拝することはすでに示した通りだが、動物が何の害も及ぼさない木片、布切れ、骨、石ころなどを崇拝するという話は聞いたことがない。これに対して、このような崇拝は蛮人の原始宗教のなかに、またカトリック教のなかにまで見られるのである」。菊地昌美訳「連合主義・社会主義・反神学主義」、外川継男・左近毅編『バクーニン著作集』第五巻、白水社、一九七四年、七四〜八二頁。

バクーニンがコントの影響下にフェティシズムを学び知ったと判断できる材料の一つは、この論文中の次の一文である。「奇妙なことだが、オーギュスト・コントが確立した科学の秩序はある点を除けばヘーゲルの『エンチクロペディー』の秩序と同じであることに気が付く。古今を通じて最大の形而上学者であるヘーゲルは、思弁哲学の発展を絶頂にまで導くという幸運と栄光を持ったが、その結果、この哲学はその後、それ自体の弁証法の働きで、自滅することになるのだ。しかし、オーギュスト・コントとヘーゲルの間には大変な相違がある。ヘーゲルは真の形而上学者として、物質と自然を論理から、すなわち精神から生じるものとし、それらを精神化したが、これに対してオーギュスト・コントは逆に、精神を物質の上にのみ基礎づけ、それを物質化したのである。そして、彼の絶大の栄光もこの点にある」。同上、五五頁。

バクーニンのフェティシズム言及は、さらに一八七〇年頃に書かれた「神と国家」でみられ、そこでは「このようにして宗教と呼ばれる歴史的な集団的狂気は、物神崇拝（フェティシズム）に始まって多神教の全段階を通過し、キリスト教的一神論へと発達したのである」と綴られる。外川継男訳「神と国家（一）」、『バクーニン著作集』第三巻、二五〇〜二五一頁。また、同じ頃に書かれた草稿「神という幻影、現実界および人間にかんする哲学的考察」でも同様のことが綴られる。これらはみなコント的発想に根ざしており、また、この「哲学的考察」中にはコント著『実証哲学講義』第三巻からの引用が数箇所にみられる。だが、この論文中には、コントのほかフォイエルバッハへの言及もみられ、明らかにフォイエルバッハの影響を受けていると判断できる、次のような一文も綴られている。「これこれしかじかの個人が現実に崇拝する対象は、常にこの石、この木片、この布切であって、それ以上のものではない。けれども、それは、ひとたび言葉で示されると抽象的一般的事物、すなわち石というもの、木片というもの、布切というものに転化する。このようにして、思惟がはじめて目覚め、言葉によって表わされるとき、厳格な意味での人間的世界、抽象の世界が始まるのである」。中山毅訳「神という幻影、現実界および人間にかんする哲学的考察」、『バクーニン著作集』第四巻、一〇七頁。この一文は、上掲の「連合主義・社会主義・反神学主義」からの引用文と同じものである。同じ文を二度綴るほどにまで、バクーニンには、フォイエルバッハが印象的なのである。

「哲学的考察」中でバクーニンは、フォイエルバッハのことを「大胆で共感を呼ぶ点では当代一流の思想家」と称えている。

31 Doctrine de Saint - Simon, Exposition, Première année, 1828 - 1829, Nouvelle édition, publieé avec introduction et notes par C.Bouglé et Elie Haléry, Paris, Marcel Rivière, 1924,P.493. 野地洋行訳『サン＝シモン主義宣言―「サン＝シモンの学説・解義」第一年度、一八二八～一八二九』木鐸社、一九八二年、三〇六頁。訳文は野地訳を借用。フランス語の挿入は石塚、本文との関係で表現を改めた箇所がある、以下同様。なお、上記フランス語原文入手について慶応大学の高草木光一の協力を得た。

32 例えば、森博「サン-シモンの生涯と著作」（五）に次の一文が読まれる。「ロドリーグに勧められてであろうアンファンタンは二三年十二月二二日に早々と（『産業者の教理問答』の）購読予約をし、二〇フランを払い込んだ。また、この当時はコントの弟子であったが、やがてコントを離れてサン＝シモニアンに転じ、熱烈な伝道者となり、渡英してJ・S・ミルやカーライルなどに少なからぬ思想的影響を及ぼすことになる、ギュスタフ・デシュタルも二四年二月二日に購読を予約する」。森博編訳『サン－シモン著作集』第五巻、四五七～四五八頁。

33 野地洋行訳、前掲書、三一三～三一五頁参照。

34 本書第三章第四節参照。

35 本書第二章第一節参照。

36 コントはルロワを介して間接的にド＝ブロス思想を吸収したが、さらにそのコントを通してフェティシュを知ったと考えられるサン＝シモン派は、なるほどド＝ブロスとは違った内容を講演している。それは特に、フェティシズムの範囲についての次の発言においてうかがわれる。「フェティシズムは、自分をとりまく天地の中に孤立した存在しかみないように、人間家族の中にも孤立した存在しかみない。アソシアシオンの原理は彼にとって、個体性の最終極限である家族―なぜなら完全に孤立した個人は考えられないから―の直接的つながり以上には殆ど広がらない。時としてもっと大勢の人間の間に協力があっても、それはただ狩とか、攻撃的または防衛的戦争のような例外的事情のためである。だがこれらの一時的で偶発的な団結のあと、各人はたちまちその家族のふところにたち戻りそして閉じこもる。このとき信仰は、正確にいえばまったく個人的である。それは神そのものと同じく、家庭のかまどの中に閉じこめられており、家族の長がその司祭である」。*Doctrine die Saint - Simon.*, p.497. 野地訳、前掲書、三一〇頁。この記述だけから判断すると、サン＝シモン派は少なくともド＝ブロス著作そのものは読んでいない。なぜなら、ド＝ブロスではフェティシュ信仰者の多くは「することといったら戦争ばかりの」(p.173,S.129) と形容されており、今日的に表現すれば共同体間の戦争についてド＝ブロスは意識しているからである。またド＝ブロスは、フェティシュを家の守護神といった狭い範囲のものばかりでなく全土的なフェティシュをも、証拠を挙げつつ紹介しているからである。なお、原始社会の基本単位を家族 (la famille) から出発させるのは、今では明らかに誤りだが、一九世紀前半の時代には常識的であって、例えばマルクス・エンゲルスも一八四五・四六年の『ドイツ・イデオロギー』ではそのような旧例に従っている。フェティシズムが氏族単位ないし部族単位のものであった点は、ド＝ブロスからはうかがわれるが、サン＝シモン派からはうかがわれない。

37　*Allgemeines Handwörterbuch der philosophischen Wissenschaften, nebst ihrer Literatur und Geschichte*, bearbeitet und herausgegeben von D.Wilhelm Traugott Krug, Zweite, verbesserte und vermehrte, Auflage, Zweiter Band, F bis M, Leipzig, F.A.Brockhaus, 1833, Neudruck: Aetas Kantiana,152B Culture et Civilisation,1970, Bruxelles, S.26f. なお、ここに記したドイツ語文献ならびに以下で引用するヘーゲル原文入手については、

38　すべて畏友の東洋大学の柴田隆行の協力を得た。
この千葉大学のデータは、現在では不正確だろうから、今回、改めて畏友のヘーゲル研究者・新潟県立大学の石川伊織に、彼が管理するヘーゲル・データベースで再検索を依頼し、以下のメールによる返答を受けた（二〇一九年一月二九日付）。以下、最新結果――

第一巻『民族宗教とキリスト教』
Fetischdienste　一件、四〇頁二八行。
Fetischflauben　四件、二八頁三〇行目、三八行目、二九頁四行目、三三頁一六行目。
第八巻『エンツィクロペディー第三版（一八三〇年）小論理学』
Fetischen　一件、一六一頁六行目。
第一〇巻『エンツィクロペディー第三版（一八三〇年）精神哲学』B人間学
Fetisch　二件、六〇頁四行目二か所
第一二巻『歴史哲学』「序論」の最後
Fetisch　三件、一二三頁二〇行目、二七行目、三一行目。
Fetische　一件、一二三頁二二行目。
第一三巻『美学講義』第二部第一章「象徴的芸術形式」
Fetischdienst　一件、四〇九頁二五行目。
第一六巻『宗教哲学』第二部第一章「自然宗教」
Fetisch　四件、二九四頁三五行目、三六行目、二九五頁一〇行目、一四行目
Fetischdienst　一件、二九四頁三五行目。

Fetische　一件　二九五頁二行目。

Fetischen　一件　二九五頁五行目。

以上の検索結果ですが、不思議なのは、すべて名詞形だということです。この検索結果は形容詞としてのfetischをヘーゲルは用いていないということを示しています。ただし、第一二巻以降の「講義」は、弟子による改竄ですので、信用できないと思われます。例えば、美学講義の場合、Suhrkampの一三～一五巻はホトー編のテキストですが、現在刊行されている弟子による講義筆記では、一八二〇～二一年にも、一八二三年にも、一八二六年にも、Fetisch/fetischは出てきません。しかも、一八二三年の筆記録はホトーが作った講義筆記ですが、これにも出てきません。ということは、全集版に収録する『美学講義』を編集する際に、ホトーが捏造したテキストの中にFetischが出てくる、ということです。歴史哲学の場合も同様でしょう。一八二二～二三年の学生による筆記録にはFetischは出てきません。『宗教哲学』の場合も同じではないかと思われます。まだ検索可能なテキストにはしてないのですが、いずれにしてもShurkampの一二巻目以降は信用できないということです。興味深いのは、エンツィクロペディーの小論理学に出てくるということと、同じくエンツィクロペディーの精神哲学の、それも人間学に出てきて、宗教の章に出てこないというところでしょうか。ハイデルベルク時代に書かれたエンツィクロペディーの初版については、まだテキスト化はしていません。（以上、石川伊織）

39　*G.W.F.Hegel Werke in zwanzig Bänden*, 1. Frühe Schriften, Suhrkamp, Frankfurt a.M.,1971, SS.28 - 29, S.33, S40.

40　ヘーゲルは「民族宗教とキリスト教に関する断片」中で、次のような非ド＝ブロス的フェティシュ観を表明している。「精神と真理のうちなる神を崇拝し、徳行という形でのみ神への勤行をおこなう純粋な理性宗教と、それ自体善意であるものとはなにか別のものによってもなお神に取り入ることができると信じているフェティシュ信仰とのあいだには、実に大きな相違がある。だから、前者に対しては後者はまったく無価値であり、両者はまったく類を異にしており、人類にとっては後者をいっそう理性宗教に導いてやること、そしてフェティシュ信仰を駆逐することがきわめて大切なことであるとするなら、次のようなことが問題になってくる。すなわち普遍的な霊的な教会というものが理性の理想でしかありえない以上―また、フェティシュ信仰をそこから引き出すあらゆる可能性を排除するような公的な宗教を創設することもどうやら不可能である以上、―（a）消極的に、できるだけ文字（Buchstabe）にされる機会を少なくして慣習に拘泥し続けるためには、また（b）積極的に―民族を理性宗教に導いて、それに適応させるためには、一般に、民族宗教はどう扱われねばならないだろうか」。

「民族宗教は、何を避けねばならないであろうか。／フェティシュ信仰を」。

「民族宗教の儀式が是が非でももっていなければならない特性は、／（a）またとりわけ、できる限りフェティシュ崇拝の機会とならないようにすることである」。*Ibid.*, SS.28 - 29,S.33,S40. ヘルマン・ノール編、久野昭・水野建雄訳『ヘーゲル初期神学論集』1、以文社、一九七三年、三〇～三一、三六、四四～四五頁。訳文は久野・水野訳を借用し、一部表現を改めた。またドイツ語は石塚による挿入。

41 Hegel, *Vorlesungen; Ausgewählte Nachschriften und Manuskripte*, Bd.4. *Vorlesungen über die Philosophie der Religion*, Teil 2, Die bestimmte Religion, hg.v. Walter Jaeschke, F. Mamburg, F. Meiner, 1985, SS.193 - 195. 引用文の邦訳にあたってはLasson版も参照したが、直接にはJaeschke版から訳した。また訳文は木場深定訳『ヘーゲル全集』十六a（宗教哲学、中巻の一）、岩波書店、一九五五年、を部分的に借用した。なお、引用文中「中国やアフリカの人びとのもとでは（云々）」と、「フェティシュと偶像とは同一のものである」の二文

は Jaeschke 版で初めて挿入された。

42 *Ibid.*, S699f. なお、この Jaeschke 注に出てくる Smith なる人物は、柴田隆行の協力によって、Christen Smith,1785 - 1816 であることがわかった。また柴田の調査により、次のことも判明した。ここにヘーゲルの往復書簡をみよとあるが、その中味は手紙でなく、Königl. Bibliothek Berlin の図書館閲覧表を含んだ図書館への事務的な問合せのことで、それを写したのが Jaeschke の注である。タッキーのフルネームは James Kingston Tuckey,1776 - 1816, 職業は Seeoffizier u. Erforscher der Kongogebiete である。また、スミスの日誌を含んだタッキーの探検旅行記の書名は "Narrative of an expeditions…..."London,1818.

43 *G.W.F.Hegel Werke in zwanzig Bänden, 12, Vorlesungen über die Philosophie der Geschichte*, Suhrkamp,1970, S.123. 以下に必要な限りで原文を引用する。Dies ist der *Fetisch*, ein Wort, welches die Portugiesen zuerst im Umlauf gebracht und welches von *feitiço*, Zauberei, abstammt. なお、Reclam 版では feitizo と記されているが、ともにスミスが綴った feitico のことである。Vgl. G.W.F Hegel, *Vorlesungen über die Philosophie der Geschichte*, Philipp Reclam Jun. Stuttgart, 1966.（1. Aufl.1961.）S. 156.

44 *G.W.F.Hegel Werke in zwanzig Bänden*, 12,S.123. 引用文の邦訳にあたっては、武市健人訳『歴史哲学』岩波文庫、上巻、一九七一年、を部分的に借用した。なお、ヘーゲルの略歴について以下の文献を参照。石塚正英「年表・三月革命人（一七六二〜一八九五）」、同『ヘーゲル左派という時代思潮』社会評論社、二〇一九年、所収。

45 フォイエルバッハのフェティシズム論については、以下の文献を参照。石塚正英『フォイエルバッハの社会哲学―他我論を基軸に―』社会評論社、二〇二〇年。

第三章　ド＝ブロスの『フェティシュ諸神の崇拝』に読まれるフェティシズム

第一節　ド＝ブロス著作の構成と内容　―プルタルコス批判―

啓蒙期フランスの思想家にしてディジョン高等法院議長評定官《プレジダン》であったシャルル・ド＝ブロスは、一七六〇年ジュネーヴで匿名の著作『フェティシュ諸神の崇拝』を刊行した。宗教社会学者の古野清人によると、ド＝ブロスはそれに先立って、一七五七年にアカデミー・デ・ザンスクリプションで、古代エジプトの宗教と近代西アフリカ先住民の宗教の類同に関する発表を行なった。しかし、その内容はアカデミーの反感をかうもので、活字にすることを拒否されてしまった。そこでド＝ブロスは、原稿に若干の修正を施したのち、一七六〇年ジュネーヴでそれを匿名の刊行物としたのであった。[★1]この著作に関して古野清人は、「現代の宗教民族学または宗教人類学、あるいはひろく比較宗教学の先駆をなす文献であったと思われる」[★2]と述べている。

ド＝ブロスの当該著作は以下の構成になっている。まずは無題の序文がある。ここでは主としてローマ時代のギリシア系著述家プルタルコスの象徴主義に対する批判を述べつつ、自らの問題意識を提示し、

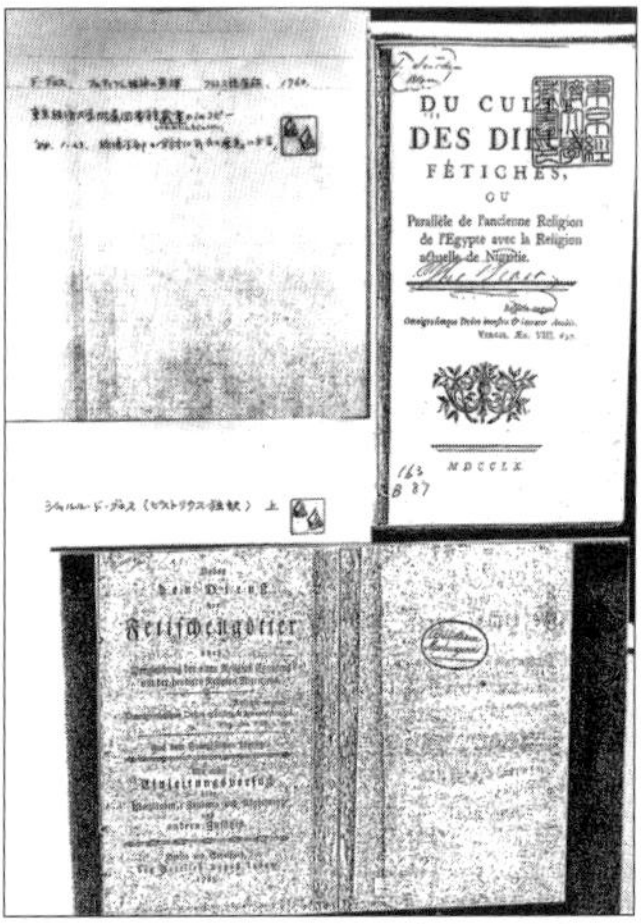

『フェティシュ諸神の崇拝』原書

最古の先史信仰をフェティシズムという新たな術語で呼ぶことにすると述べている。その際、自説を補強する最大の典拠として、カエサレアの教会史家エウセビオス（P. Eusebios, 260? - 336?）の著作『福音の準備（*Praeparatio Evangelica*）』が引き合いに出される。このギリシア語の古典中には、紀元前一四世紀頃の人とも、また前二〇〇〇年前後の人ともいわれる或るフェニキア人著述家、ベリトゥス（現ベイルート）のサンコニアトン（Sanchoniaton）によって綴られた著作『フェニキアの歴史（*de Phoenicum elementis*）』の断章が含まれていた。ド＝ブロスは、このサンコニアトンの証言と、それを用いてプルタルコスらの象徴主義を批判するエウセビオスとを、自らのフェティシズム論構築の屋台骨としたのである。次いで第一章「アフリカ先住民およびそのほかの野生諸民族における現在のフェティシズム」。この章では、一八世紀当時としては最新の研究方法であった比較宗教学の立場から、その当時のアフリカ大陸やアメリカ大陸に残存する原初的信仰が議論される。

「アフリカの西海岸、のみならずエジプトと境を接するヌビアに至るまでの、この大陸内の先住民たちは、ヨーロッパ人によってフェティシュと呼ばれている或る種の神を、崇拝の対象にしている。（中略）この神的なフェティシュは、一民族ないし一個人がほかの何よりもまず選びとり、儀礼を通じて彼らの神官たちに清祓させるところの、第一にして最高の物的対象にほかならない。それには、樹木とか山、海、木材の一片、ライオンの尻尾、小石、貝殻、塩、魚、植物、花、それに牡牛、牡山羊、象、羊など或る種の動物とかが考えられる」[★3]。

その際ド＝ブロスは、同時代人ビュフォン（G. L. L. Buffon）から博物学上の知識を学びとり、また次の人びとの著作を読む。まずはアトキンス（Atkins）、ボスマン（Bosman）、デ＝マルシェ（Des-Marchais）等アフリカを旅行した民族学者や旅行家、伝道師のもの。彼が直接引用しているものとしてはゴドフロワ・ロワイエ（G. Loyer）、ラフィトー（Lafitau）、シャルルヴォワ（P. F. X. de Charlevoix）、それから、当時より約一五〇年ほど古い時代のスペインの記述者エレラ（Herrera）。この章には、小結論として次の一節が綴られている。

「特定の自然物に対するこの崇敬は、人工物に対する通常のいわゆる偶像崇拝によって表明される、（人工物以外に）真正な崇敬の向けられている別物の対象を呈示するようなものとは異なるということである。というのは、ここでの礼拝ないし崇敬は、これに反して、生きた動物とか、或いは植物界から得られた物にさえ、じかに向けられているからである」[★4]。

ド＝ブロス著作の第二章は、「現在のフェティシズムとの比較における古代諸民族のフェティシズム」という章題になっている。すなわち、この章では主として古代オリエント、ギリシア世界のフェティシズムが議論の俎上に載せられる。ここでド＝ブロスは、ギリシアの歴史家ヘロドトス（Herodotos）を筆頭に、以下の著述家の文章を参照する。ローマ時代のギリシア系歴史家ディオドロス（Diodoros）、プルタルコス（Plutarchos）、ギリシアの地誌学者パウサニアス（Pausanias）、ローマの政治家カエサル（Caesar）、スエトニウス（T. G. Suetonius）、コルドバ生まれにしてセネカの甥にあたる詩人ルカヌス（M. A. Lucanus）、ローマの風刺詩人ユヴェナリス（D. J. Juvenalis）、博物学者プリニウス（G. P. S. Plinius）、著述家アエリアヌス（O. Aelianus）、歴史家タキトゥス（C. Tacitus）ほか。本章でド＝ブロスは、特にディオドロスの『ビブリオテカ・ヒストリア（*Bibliotheca historia*）』中に記された先史エジプトに発する説話・神話を取り扱い、フェティシズム論の確立に向けて迫真の叙述を展開する。またユヴェナリスの『風刺詩（*Saturae*）』、プリニウスの『博物学（*Naturalis historia*）』を自著のここかしこに引き、イドラトリ以前の信仰、人々が己れの神を己れの手でつくるという信仰を浮かび上がらせる。また、ル・コント（Le Comte）の『旅行記（*Voyage*）』に注目しつつ、古代中国におけるフェティシュ信仰にも言及している。そして最後の第三章「フェティシズム発生の諸原因の考察」では、章題の通りの分析が行なわれている。ただし、その際の論述目的は、主としてプルタルコスら新プラトン派の象徴主義への批判に定められる。これに対しエウセビオスの立場―というより、サンコニアトンの立場―を最大限擁護するのである。

「エウセビオスは、彼としてはフェニキア人のこの翻訳（サンコニアトンをギリシア語に訳したビブロスのフィロンの著作『信頼できない記述について』）を好都合に使用することによって、異教徒（ギリシア人）が彼らの崇拝を正当化するために考案したアレゴリーの観点に立った体系を完全に反駁した。彼の指摘によると、古さの点でフェニキアの神学は、自らとはまったく類似していない誌的創作（ギリシア神話）をはるかに凌駕している[★5]」。

第二節　西アフリカほかに残るフェティシュ信仰　―フエダの縞蛇神―

ド＝ブロス著作の構成と大まかな内容は以上のごとくなのだが、以下において、当該著作に盛り込まれた世界各地のフェティシュ信仰の代表例を引き、それに対するド＝ブロスの解釈を紹介することにしよう。

まず第一章では、一七〜一八世紀当時の西アフリカに存在した「フエダ」（ド＝ブロスはJuidahと記している）という先住民国家（民族）のもとでの縞蛇信仰が大々的に取り上げられる。フエダでは、生きた縞蛇が崇拝の対象すなわち神なのである。村のあちこちで這い回る蛇が、みな神がみなのである。[6]これと似た信仰は、紀元四世紀エチオピアでも見られた。エチオピア教会の建設者フルメンティウス（Frumentius）がアビシニア地方の伝道で最も苦しんだことの一つは、同地方の蛇崇拝者の改宗であったという。紅海で海賊に捕えられアクスム王国に売られたフルメンティウスは、アクスムの神であった蛇と戦わなければならなかった。「怪物のようなこの大蛇は、土地の言葉でアルウェ・ミドレと呼ばれてきたとのことであり、またアビシニア人のもとでずっと保存されてきた先史からの説話によれば、それは大昔の原始エチオピア人が崇拝していた神と同一のものだったとのことである[7]」。

西アフリカの次にはメソ・アメリカの事例が紹介されている。それは例えば、ユカタン半島の子どもたちが生まれた時に決定される個別フェティシュであったり、フロリダのオライミと称する山岳フェティシュであったりする。またコスメル島の石造十字塔、同じくガズベジの十字塔、サント・ドミンゴ島のゼメッツと称する十字像、アルゴンキン人の神マニトゥなどもみな、ド＝ブロスにすればフェティシュである。だが、特にマニトゥについて、ド＝ブロスはこれを霊的な存在であるとも記している。「イロクォイ人などはこれを、彼らの言語であらゆる類の精霊を意味する一名称で呼んでいる」[★8]。ド＝ブロスの定義するフェティシズムは、物それ自体への信仰を最大の特徴としており、そこには物に宿る霊という構えは介在しえない。にもかかわらず、ここでド＝ブロスが、アルゴンキン人やイロクォイ人のもとでの物的個体や或る生きものへの崇拝に精霊を介在させたのは、いったいなぜか。そのわけは、ド＝ブロスが知りえた一七～一八世紀当時のアメリカ先住民の世界はフェティシズムによってではなくトーテミズムによって覆い尽くされており、かかる精霊たちの世界にそれでもなお残存し続けるフェティシズムは、当然ながら霊的信仰と習合していたからである[★9]。このようなフェティシュと精霊の習合例は、ブラジルの先住民のもとでも観察される[★10]。

それにもかかわらず、マニトゥはたしかにフェティシュなのである。そのことの検証として、ド＝ブロスの述べる以下の文章を読み進めよう。

「彼ら（キューバの野生人）には火銃や火薬が恐るべきフェティシュないし（恐るべき）マニトゥなのかという問題は、おのずから回答が引き出される。だがこの種の神はどれをとっても、黄金以上に野生人に不幸をもたらしたことはなかった。彼らは、これは誓って間違いなくスペイン人のフェティシュだと見做した。そのわけは、スペイン人がこの金属に対して多大な崇敬の念を抱いている点に野生人が気づき、自分たちの宗教流儀からスペイン人のそれを推論したからである。キューバの野生人は、カスティリアの或る艦隊が彼らの島に上陸するところらしいことを知った時、次のように考えた。まずはスペイン人の神に対して好意ある様子を示し、しかるのちそれを自分たちから遠ざけることで、自分たちを救済せねばならないと。そこで彼らは、自分たちの黄金をひとつ籠にかき集めた。これを見よ―と彼らは言った―、かの他国人の神だ。この神の加護を受けるため、敬意を表する祭りをしよう。しかるのち、この神を我らが島から遠ざけよう。彼らは、自分たちの宗教儀式にのっとり、籠の周りで踊って歌って、それから籠を海中に投げ棄てた」★11。

これは、直接にはエレラの著作『カスティリア領西インド史概説（*Historia general de las Indias Occidentales*, 1601 - 15）』第九章をド＝ブロスが要約して綴ったものだが、おおもとはバルトロメ・デ・ラス・カサス『インディアスの破壊についての簡潔な報告』（一五四二年）に収められた「キューバ島」中の一節をもとにしている。内容は、マニトゥのフェティシュ的性格を存分に示す叙述といえる。ドローメノン（行為の儀礼）にしてレゴメノン（語り・詠《うた》いの儀礼）であるフェティシズムの儀礼が簡潔に示されている。トーテミズムの世界でたとえ精霊・霊界といった観念を抱くに至ったにせよ★12、アメリカ大陸の先住民は、一方では意識の奥底でフェティシストたる自己を保持し、そのような原初的信仰心を以ってコンキスタドレスをカリブ海から大西洋の方へと撃退しようとしたのであった。

アメリカ大陸に続いて、北極圏の野生民族ラップ人やサモエード人のもとでのフェティシュ信仰が紹介される。また「北海からカスピ海にかけての索莫たる森林、荒涼たる原野に住まう野生人」のフェティシュ信仰が紹介される。その後以下のようにマイモニデス（Maimonides 一二世紀にイスラム世界で活躍したユダヤ教徒の医師・哲学者イブン・マイムーン Ibn Maymun）の誤解を記して、第一章を結んでいる。或る者たちは野獣を、また或る者たちは鳥を、河川を、樹木を、山を、また或る者たちは大地を崇敬するという、そういった人びとがいた点に関し、「マイモニデスもまた、粗野にして異教の諸民族は山、丘、実りの木、泉などを神としていると述べることによって、同じように彼の時代の野生人を多神教徒と混同しているらしい。この際、それは疑いなく、聖エピファネスがバーバリズムと名づけた信仰であって、かつて営まれていた四つの信仰の、さらにその原基と考えられる★13」。

第三節　古代世界のフェティシュ信仰　―パピルス・カシワ樹―

第二章では、古代エジプトの聖なる植物がまず問題にされる。その際ド゠ブロスは、ディオドロスからたくさんの引用を行なう。一例を記そう。

「エジプト諸王の歴史の端緒を述べるに先立ち、その土地の太古のしきたりについて述べる方が適切である。もともとエジプト人は、ただ植物だけで生活していたという。だれもが自分の好みに合わせ、湿地で見つけたキャベツとか根菜とかを食べていた。特にアグロスティと呼ばれる植物がとてもおいしく、人びとの糧として豊富にあった。少なくとも、きっと家畜にはすこぶる調法だったろう。そのことの名残りとして、またエジプト人の祖先がこうした植物によって得た利益の名残りとして、（現在の）エジプト人は、神がみに祈りを捧げようと神殿に赴く時、そうした植物を手に携えていく。すでに述べたように、彼らは人間のことを、泥土の類から作られた動物と見做している★14」。

泥土から生まれた人間が、同じく泥土から生え出た植物、パピルスなどを食べて生きぬく。ヘブライ神話でも、アダム（人間）はアダマ（土）からつくられるので、古代の地中海沿岸では、泥土と人間の緊密関係はよく知られていたようである。さて、その時、パピルスの茎などは、泥土人が真先に食物とした身近かの植物であった。パピルスは、ヘロドトスの時代のエジプトでも、依然として食用にされていた。[15] それが、原始エジプト人のフェティシュであったと、ド＝ブロスは言いたいのであろう。そのほかエジプトでは、ナイル河がフェティシュであり、牡牛アピス、牡羊アモンもそうであった。また古代エジプトでは「鰐にむさぼり食われてしまった人びとを神聖にして、最高に幸福なものと見做した」[16] 部族があった。またディオドロスによれば、「撃ち殺された動物が猫だったり、マングース、トキ、或いはハイタカであった場合、それがいかに不本意に生じたことであるにせよ、犯人は数えきれない肉体的苦痛に耐えさせられたあと、襲撃されて無造作に殺された」[17]。

古代エジプトに続いて、原初のアラビアが議論の俎上に載せられる。この一帯では、動物でなく岩石がフェティシュの代表に挙げられる。「この民族の神は、太古から、何の変哲もない四角い石塚であった」[18]。それはメッカの黒石である。さらにはイランの拝火の儀礼に筆が及ぶ。「ペルシア人の、少なくともそのうち粗野な下層民のフェティシュは、火と大樹である。火の崇拝は、たとえそれがひょっとして苛酷にすぎる迫害によって抑圧されても、まさに同じ地域で、依然として存続している。その際、ゾロアスター教徒のあいだでは、火はいまや最高存在の象徴でしかない」[19]。ここでド＝ブロスは、より原初的な神、フェティシュとしての火と、後代の、いっそう高等な神の象徴、見立てとしての火とを明確に区別している。そのほか、紀元前八〜前六世紀のイラン人国家メディアでは、鶏に対する信仰が盛んであったし、ソグディアナ地方に至れば、サマルカンドの町を流れる河川ソグド河がその町の住民にすこぶる崇拝されていた。インドに至れば、ガンジス河以上に多くの人びとの崇敬を集める対象はなかった。また、小アジアのフリギア地方に目を転ずれば、不規則な、角ばった黒石、ペシヌースに天から降って来た隕石が女神として崇拝されていたが、ここの女神信仰はやがてローマへもたらされてマートゥータ女神となった。とはいえ、ギリシアやローマの神がみは、すべて外の世界から持ち込まれたものだけとは限らない。フェティシズムはギリシアにも、先ギリシア人すなわちペラスゴイの民たちのあいだでも第一の信仰形態としてあった。外の世界から持ち込まれたのは、むしろいっそう進歩した、高等な宗教や、その神がみの名称であって、先史のギリシア世界は間違いなくフェティシズムの世界であった。また、ローマのカストルとポルックス二神とて、マルス神とて、その原初的形態はフェティシズムであった。その証拠に、当時にあって未だ文明化されていない他のヨーロッパ地域、例えばケルト人の世界やゲルマン人の世界では、フェティシュ信仰は花盛りなのである。ケルト人のカシワ樹、ゴール（ガリア）人の北西風、古ザクセン人の樹林と湧き出る泉などは、すべてフェティシュである。[20] ケルト人や古ゲルマン人がカシワの樹に付けた名称の Kirk ないしそのラテン形である Quercus は、礼拝堂とか神殿とかを意味する日常語キルへ（Kirche）、チャーチ（Church）にまで連なっている。

第四節　フェティシュ信仰成立の根拠　―原初的生活者の直観―

『フェティシュ諸神の崇拝』最後の第三章では、フェティシズムの事例としてアウグストゥス帝のネプチューン攻撃が挙げられ、次にアフリカのベルベル人（ムーア人）が信仰するグリグリと称するフェティシュが挙げられている。特に後者の例では、七〜八世紀にイスラム教に改宗させられたベルベル人が、それにもかかわらず依然として神官マラブーを軸とするフェティシュ信仰を維持している点が力説される。最も原初的で単純素朴な信仰であるフェティシズムは、エジプトやアラビアそのほか世界各地の「下層民のもとで、その後も長く存続し、もはや聖なるものとしてその存在が無効とわかってしまった頃まで存続する[★21]」。そうした光景を文明社会という外部から傍観するだけのギリシア・ローマの知識人は、したがって、彼らの合理主義的な世界観で以ってはフェティシズムの祭儀は理解不可能となる。例えば、古代エジプトの文物制度について多くを語ったヘロドトスは、こと宗教の問題になると及び腰となる。

「エジプトはリビアに国境を接しているが、野獣はあまり多くない国である。それらは家畜となっているものとそうでないものとが在るが、すべて神聖視されている。それらが神聖視される理由を述べるとすれば、神に関する談義に引き込まれることになる。そのことは特に私の係わりたくない問題で、止むをえない事情で強いられないかぎり、そうした問題に触れないできた[★22]」。

ヘロドトスはなるほど賢明である。どうにも理解の及ばない問題については、解釈を棚上げにしたのであるから。[23]しかし、彼から数百年後にギリシア・ローマの文明社会に登場した知識人たちは、深遠なるギリシア・ヘレニズム哲学、プラトンのイデア論を模範とする観念論で先史エジプトの動物崇拝を解釈することとなった。「彼（ヘロドトス）に続く著述家たち、例えばディオドロス、プルタルコス、ポルフュリオス、ヤンブリコス等は、この崇拝の土台をなしている運動基盤、きわめて奇異な様式を探した。後代の著述家になればなるほど神秘的な解釈に傾いているのには驚かされる。その解釈は、エジプト思想はアレゴリーでとり繕う必要があるといった認識がますます強まるにつれ、一世紀また一世紀と流行の度を強めていった」。[24]そのようなアレゴリーは先史を説明する手法としてはまったく相応しくないことを、ド＝ブロスは『フェティシュ諸神の崇拝』の全巻を貫いて主張するのである。そして結論として、以下のことがらを事実として提言する。

「フェティシズムは、本来のいわゆるイドラトリからの、それから結果として派生したところの、たんなる変化物というように仮定される。[25]ところがまったく逆に、エジプトにおける動物に対する神的崇敬は、あきらかに、イドラトリが存在するよりも古く、また後者は、ギリシアとかそのほかの東洋と比べてさほど流行するようにはならなかった[26]」。

一七六〇年に、ド＝ブロスが初めて定義したフェティシズムと称する原初的信仰には、以上のごとき事例と特徴とが備わっているのである。因みに、神がみへの攻撃という儀礼において際立つフェティシズムは、文明の高みから見わたせば非合理きわまりない。その背後には合理が潜んでいるとしか考えられない。しかし、フェティシズムの原初的世界から文明を眺めることができるとすれば、これほど不自然な世界はなかろう。なぜならば、文明社会では人びとは、不可視（無存在）によって無から創られるからである。そこで、現代を生きる我々の採るべき視座としては、文明から先史へというものでなく、先史から文明へというものでなければならない。その意味からして、先史フェティシズムの解明は人類社会の研究に際して第一の作業となるのである。

★註

1 古野清人『原始宗教の構造と機能』有隣堂出版、一九七一年、一五頁。
2 古野、同上、三六一頁。
3 Charles de Brosses, *Du Culte des Dieux fétiches, ou Parallèle de l'ancienne Religion de l'Égypte avec la Religion actuelle de Nigritie*, pp. 18 - 19.
4 *Ibid.*, p. 64.
5 *Ibid.*, p. 276.

サンコニアトンはいつ頃の人物であったかを探る手掛かりとして、次の一節が参考になる。「ポルフュリオスはいろんな次元で旧約聖書を攻撃した。そして彼は、キリスト教の解釈が出てくる史的基盤に疑いをもった。一方でエウセビオスが、ヨセフス（Josephus）とユストゥス（Justus）、クレメンス（Clement）、アフリカヌス（Africanus）そしてタティアン（Tatian）に訴えながら、モーセをトロヤ戦争より四〇〇年前のイナクス（Inachus）の同時代人にしたのに対し、他方ポルフュリオスは、モーセをセミラミスの前におき、トロヤ戦争のほぼ八五〇年前においた。ポルフェリオスは、モーセとほぼ同時代のユダヤ教徒に対しては、独立した典拠を獲得すべきことを主張した。それはすなわち、ビブロスのフィロンがフェニキア語からギリシア語に翻訳したサンクニアソン（Sanchuniathon）の歴史書である。エウセビオスは、ポルフェリオスがこの証拠をどのように利用したかを正確には説明していないが、おそらく、申し立てられた、ユダヤ教徒の唯一無比性を論難するためにそれを使ったのであろう」。T.D. Barnes, *Constantine and Eusebius*, Harvard University Press, Cambridge, Massachusetts, London, England, 1981, p.176f.

ところで、トロヤ戦争は、ギリシアの年代記では前一一八二年、または一二五〇年であるから、上述の引用文を前提にすると、サンコニアトンは前二一〇〇～前二〇〇〇年頃の人ということになる。また、わが国で刊行されている『キリスト教人名事典』（日本基督教団出版局、一九八六年刊）によると、次のようである。「サンフンヤトン Sanchunjaton 前一四～前一三世紀頃　フェニキアの歴史を書いたと伝えられる人物。『神サンフンは与えた』の意。カイサリアのエウセビオスの報告（『福音の準備』一・九・二〇以下、他）によれば、トロヤ時代以前（前一四～前一三世紀）に生きた往古の人物で、正確なフェニキア史を書いたことで高い評価を得ていたという。ポルフェリオスはこの報告を引用しつつ、別の伝承を付加している。これらの報告は、このフェニキア史を翻訳（ないし翻案）したというビュブロスのフィローンの主張に端を発している。この報告は以前は疑わしいとされていたが、現在では確実とみなされている。ただし、ビュブロスのフィローンが自分のフェニキア史を書くに際してどの程度これに依拠したかなど詳細は不明」。（六四六頁）なお、この引用文中に出てくるフィローン（本書ではフィロンと記している）について、同じ『辞典』の一二三五頁に次の説明がある。「フィローン（ビュブロスの）Philōn（Býblos）〔希〕Philon〔羅・独・仏〕Philo〔羅・英・独〕64 - 141　フェニキアの歴史をギリシア語で著わした著作家。トロヤ戦争以前の資料を用いたフェニキアの歴史家サンフンアトン（Sanchunjaton）の著作を翻訳・引用したと主張。最近の古代ウガリット文献の発見は彼の記述の信憑性を証明した。彼の歴史書の断片はエウセビオスの『福音の準備』一・九・二二以下に伝えられている。彼にはさらに、動詞変化や同義語に関する著書、ユダヤ人の歴史に関する著書（その中でアブデラのヘカタイオスを批判）などがあったと伝えられ、彼の著書はヘシュキオスに利用された」。

以上の記述がおおよそ正確なものであることを、私は以下に記すエウセビオスのイギリス語訳において確認した。Eusebius, tr. By Edwin Hamilton Gifford, *Preparation for Gospel*, 2 vols., Baker Book House Grand

Rapids, Michigan 1981.（Reproduction of the 1903 edition issued by The Clarendon Press Oxford）そのうち特にBook I,Chap. IX ,X, Book IV, Chap. XVI, Book X, Chap IX. なお、このエウセビオス著作のイギリス語訳・訳者の序（p. xxvi）によると、エウセビオスは、サンコニアトンの断片を直接フィロンからではなく、ポルフェリオスの『キリスト教徒に抗して（*Against the Chiristians*）』中に記述されてあったフィロンを介して、自著に引用したらしい。ド＝ブロスはそのことを確認しなかったとみえる。

6　ド＝ブロスが西アフリカの一民族「フエダ」に言及する際使用した文献の一つにボスマンのものがある。具体的に書名まで挙がっているわけでないが、脚注に参照頁や引用頁が記されている場合もある。だが、察するに、ここでド＝ブロスが使用したボスマン著作は、『ギニア記』と邦訳されるもののようである。というのも、ド＝ブロスがボスマンに依拠して綴った文章が、同じくボスマンに依拠して綴った南方熊楠の文章と、内容的に一致するからである。まずド＝ブロスをみる。「たとえ動物であろうとも、そのような（神としての）蛇を殺すか傷つけるかしたものは、懲罰において人間の場合よりも安全だということにはならない。（例えば）オランダ人の飼っている或る牡豚が貪欲のあまりその一匹を食べてしまったおかげで、その国の殆どの豚が犠牲となって殺された。幾千ものアフリカ先住民たちが、手に手に剣や棍棒を持って刑の執行を果たした」。C. de Brosses, *Ibid.*, p. 35. 次に南方熊楠から引く。「西暦千七百年ごろオランダ人ボスマン筆『ギニア記』に、フィダーの住民は蛇を神とす。一六九七年、豕一疋神の肉を食いたいと謀反を起こし、蛇に咬まれた後讐がてら蛇を食いおわるを、側に在り合わせた黒人が制しえなんだ。祠官蜂起して王に訴え、国中の豕を全滅せよと請うたので、その通りの勅令が出た。そこで黒人数千、刀を抜き棒を振るって豕を鏖《みなごろ》しにせんといきまき、豕の飼主また武装して、豕の無罪を主張した。黒人しゃにむに豕無数を殺したのち、神の怒りもはや安まっただろうとて豕を赦免の令が出た。その後、予フィダーに著いた時豕の値、格外高かったので、よほどの多数が殺されたと知った、と（ピンカートン『海陸紀行全集』一八一四年板、一六巻四九九頁）」。南方熊楠『十二支考』、平凡社（東洋文庫）、第三分冊、一九八八年（初刷一九七三年）、一七九頁。熊楠はボスマンを直接読んだのでなく、ピンカートン著作に再録されたものを読んだのだが、ド＝ブロスがボスマン『ギニア記』に依拠してフェティシュ蛇の説明を行なった点は確かなようである。

7　C. de Brosses, *ibid.*, pp. 45 - 46.

8　*Ibid.*, p. 52.

9　フェティシュ（マニトゥ）と精霊とが結び付いている例として、そのほか牡牛マニトゥの信仰が紹介されている。「牡牛をマニトゥとする或る先住民がかつて話してくれたことによると、彼が崇拝しているのは牡牛自体でなく、牡牛のマニトゥだということである。それは地下に住んでいて、あらゆる牡牛に魂を与えているのである。彼はさらにこうも言った。熊をマニトゥとする者たちは、同様のごとき熊マニトゥを崇拝しているのだと」。C. de Brosses, *Ibid.*, p. 58. この文章は『宣教師の手紙』第一一巻（著者不明）からの引用ということであるが、文中に記された牡牛マニトゥも熊マニトゥも、この内容だけからすればとてもフェティシュとはいえない。むしろトーテムとした方が相応しい。にもかかわらず、ド＝ブロスはこれらをフェティシュの一形態に数えている。その理由の一つに、ド＝ブロスの時代にはトーテミズムは未だ一つの信仰形態として学術的に整理されていなかったことが考えられる。他と区別されたトーテミズムを知らないド＝ブロスであればこそ、未だフェティシュ的性格を完全には払拭していない段階のトーテミズムをフェティシズムの一つに数え入れたのである。

また、モーガンの著作『アメリカ先住民の家屋と家庭生活（*Houses and House - Life of the American Aborigines,*

1881)』には、先住民の信仰における自然神と超自然神の融合が記されている。「モンテスマ崇拝と一体となったタオス先住民の太陽崇拝。（中略）おそらく太陽崇拝のほうが、モンテスマ崇拝より古いだろう。一方、どのニューメキシコのプエブロでも、後から広まったモンテスマ崇拝は、太陽崇拝に取って代わることもなく互いに共存している。この超自然の人物は、かつて人間の姿として人々と共にあったが、将来再び戻ってくる、という約束を残して、人々の前から姿を消していったモンテスマとして知られている」。古代社会研究会訳・上田篤監修『アメリカ先住民のすまい』岩波文庫、一九九〇年、二七七頁。一部を改訳している。

もっとも、アメリカ大陸の太陽崇拝は、さらにいっそう太古の宗教を駆逐したものだとの主張もある。「メキシコでは、太陽神話がもともとの母権的基層や、それに基づく月神話をほぼ完全に覆ってしまった。これに対して、南アメリカの沿岸部、とくにペルーでは、後者が優位を保っている。すなわちペルーでは、大いなる女性は月の女として《海の女》である」。エリッヒ・ノイマン、福島章ほか訳『グレート・マザー』ナツメ社、一九八二年、一九五頁。

因みに、日本の例を挙げると、例えば「憑きもの」が好都合のものといえよう。これはアルゴンキン人のマニトゥに似ている。石塚尊俊『日本の憑きもの』（未来社、一九七二年）には次のように記されている。「憑きもの筋だとされている家が、日常困っている最大の問題は、いうまでもなく世間からの圧迫である。憑くといわれて絶えず警戒され、うとんじられ、果ては縁組もできぬ破目におちいってしまう。だが、かかる家は、実はもう一つ隠れた心配もあるとされている。それは、いうならば対内的問題であって、その飼っている孤なり犬神なりが暴れ出してきて、自分自身に仇をしやしないかという心配である。それはこれを粗末にする場合であって、憑きものには、その飼い主が悪ければ出てくるという性質があるという。「梅翁随筆」の上州おさき孤の項にも、『食を毎日あたふれば害なく、怠る時には差別なく喰尽し、若、いかりをはっする時はいろいろの仇をなし、果はその人の腹内へ入て終に喰ころす』と記されている。／そこで考えられることは、こうして憑きものには、待遇が悪ければ出てきて仇をするという考えがあるとすれば、逆に待遇さえよければ出てこず、したがって人にも憑かず、だからまた嫌われもしないのではないか、という理屈である」。「とにかく、孤にしても、蛇にしても、一方ではこれを神に祀り、稲荷とか、荒神とか、竜神とかいうことにして、その託宣を求めるというふうが今に絶えないとするならば、かかる動物を余地なく気味悪がり、これに憑かれることを恥とするようなふうは、もう少し考え直してみねばならぬと思う」。「動物に対する民族固有の信仰とは、すなわち、孤とか狸とか、あるいは蛇とかを、人間以上の霊力のあるものの如く見なし、これに対して人生の指針を求めようとする信仰である。そういう動物を神の使わし女と見、あるいは神にかかわるもの、更には神そのものとまで見なし、その声を聴くべく、これにわざと憑かれるということは、恥ずべきことどころか、逆に非常に神聖かつ名誉なことでさえあったのである」。二三一頁、二三七頁、二八八頁。石塚尊俊が述べている「憑きもの」は、フェティシュ的具象性とフェティシュ的交互性（崇拝と攻撃）を備えたものにして、アニミズム的霊性に包まれたものである。マニトゥ動物と憑きもの動物とは、きわめて類似した性格を分有しているのである。なお、日本の動物神については、そのほか以下の文献を参照。中村禎里『日本動物民俗誌』海鳴社、一九八七年。中村禎里『狸とその世界』、朝日出版社（朝日選書）、一九九〇年。なお、『ルイセンコ論争』（みすず書房、一九六七年）でデビューした中村禎里（一九三二〜二〇一四年）は、フェティシズムを軸とする我が〈価値転倒の社会哲学〉のよき愛読者・理解者だった。

10　C. de Brosses, *ibid.*, p. 54.

11　*Ibid.*, pp. 52 - 53.

12 ド＝ブロスは霊界とか霊魂とかに思いをめぐらす先住民について、以下のように述べている。「死後の魂の状態に関する見解において彼ら（ゴール人）は、幾らかの東洋人のように輪廻の教義を受け入れていたのだろうか。或いは、魂は、カナダの先住民が考えているように死後の霊界に住むか、それとも北欧の先住民が信じていたオーディンの滞在場所のような、ほぼそのような戦場に住むかの、どちらかに住むと信じていたのだろうか。というのは、先住民はなるほど魂の不死を是認しはするものの、その霊性（spiritualité）については何の観念も持っていない点で見解が完全に一致しているからである。彼らの自家憧着はそのようにはなはだしい。現存の先住民のもとでみられるものときわめて酷似しているゴール人の葬儀に関してこんにち伝えられるものすべてから考えて、私には以下のことが明白である。すなわちゴール人は、かの二つの見方のうち後者（北欧の先住民の考え）に関係していた」。C. de Brosses, *Ibid.*, pp. 177 - 178. ド＝ブロスの解釈からすると、ゴール人は霊魂と肉体とのあいだに等級の差を設けておらず、死後の世界を生前の世界と同等のものと見做している。フェティシズムの世界では、その神フェティシュがまるごとの生物や個物であるのと同様、日々を生きる人間も、まるごとの肉体を以って人間と考えているのであり、心中の霊魂が肉体に何らかの命令を下しているというようには考えないのである。「霊性については何の観念も持っていない」のである。

13 C. de Brosses, *ibid.*, p. 65.

14 *Ibid.*, p. 68.

15 ヘロドトスの『歴史』（巻一‐九二）には次の記述がある。「パピルスは、その年々に生えたものを沼地から抜き、上の部分は切り取って他の用にあて、下の部分およそ一ペキュスほど（約五〇センチ）を食用にしたり売却したりする。パピルスを特に美味しく食べようと思う者は、食べる前にそれを赤熱した土鍋で蒸し焼きにする」。*Herodotus*, I, pp. 378 - 379. 邦訳、上巻、二一六頁。なお、ここに記したパピルスという植物は、ヘロドトスのギリシア語原文にあたれば、βύβλος である。このギリシア語にはパピルスという意味のほかビブロスという意味もある。後者はシリア地中海沿岸に在るフェニキア人の拠点都市の名であると同時に、のちにバイブルの語原ともなったものである。例えば、本文中に記した「ビブロスのフィロン」とは、紀元一世紀にビブロスで活躍したフェニキア人著述家フィロンの意味である。紀元前後にアレクサンドリアで活躍したユダヤ人哲学者「アレクサンドリアのフィロン」と区別される。

16 C. de Brosses, *ibid.*, p. 88.

17 *Ibid.*, p. 91.

18 *Ibid.*, p. 109.

19 *Ibid.*, p. 144.

20 古ゲルマンのフェティシュ信仰に多少とも関係があるのではないかと思われる説話をグリム伝説集から引いてみる。㈠巨人柱、「ミンテンベルク、あるいはクライネン・ハウバッハの近くの高い山の森には九本の巨大な石柱がある。その石柱にはそれぞれに取手のようなものがついている。これは巨人たちがマイン河に橋を懸けようとして石柱をまげた時にできたものだと代々語り継がれている。この地方には往古数多くの巨人が定住していたとも言われる」。㈡悪魔の教壇、「バーデンからほど遠からぬムルクタールに一列に立っている岩がある。土地の人々はこれを悪魔の教壇と呼び、悪魔がかってこの上で説教を行ったと言っている」。㈢オスナブリュックのジュンテル岩、「オスナブリュックの近くに地上一三尺の高さに聳えている古い岩がある。農民たちの語るところによれば、この岩は悪魔が空を飛んでいた際に落としてしまったものだという。彼らはまた悪魔がこの岩を持つためにかけた鎖の跡を見せてくれる。この岩はジュンテル岩と呼ばれている」。Brüder Grimm (hg.), *Deutsche Sagen*, Zwei Bände in einem Band, Winkler, München 1981, S. 48, 211, 214. 桜沢正勝・鍛治哲郎訳『グリム・ドイツ伝説集』、人文書院、上巻、一九八七年、二四頁、二三四頁、二三八頁。最後の引用例に記されている「ジュンテル岩」とは、原注によれば「おそらく聖なる岩の意。ジュントはサント、サンクトゥス（聖なる）に由来する」とある（S. 214）。

21 C. de Brosses, *ibid.*, p. 238.

22 *Herodotus*, I, pp. 350 - 353. 邦訳、上巻、二〇二〜二〇三頁。

23 ヘロドトスはエジプトにおける動物崇拝への言及を意識的に避けたのだが、これと似たようなことを、ギリシアについてパウサニアスが述べている。「母神の密儀の中で、ヘルメスや牡羊について語られる物語を私は知っているが、しかし話すことはしない」。Pausanias, *Description of Greece*, I, tr. by W. H. S. Jones, The Loeb Classical Library, 1978（1st printed 1918）, pp. 260 - 261. 偶数頁にギリシア語、奇数頁にイギリス語で並記されている。飯尾都人訳『ギリシア記』龍渓書房、一九九一年、一〇〇頁。引用にあたってはほぼ飯野訳にしたがった。

24 C. de Brosses, *Ibid.*, pp. 245 - 246. なお、ギリシア人がアレゴリーを好む点に関し、パウサニアスは次のように述べている。「察するに、ギリシアの中でも賢者と見做されている人々は、昔から謎めいた語り口に頼り、直叙にはあまり頼らないで話した。だから、クロノスについての話も、ギリシア人の一種の知恵である。神に関わる件については、いままで語られてきた話を採用しよう」。Pausanias, *Ibid.*, III, 1988（1st printed, 1933）, pp. 380 - 381. 邦訳、五一一頁。

25 フェティシズムは何かそれとは別の信仰形態の派生物だとする説にデュルケムのものがある。「トーテミズムをフェティシズムに帰することができるためには、後者が前者よりも先であることを定めておく必要があったろう。ところが、この臆説を証明するための何の事実も引証されていないだけでなく、この臆説は我々の知るところによって反証されてもいる。フェティシズムと呼ばれる決定し難い儀礼の総体は、すでに若干の文明の段階に達した民族においてのみ、現われているのである」。デュルケム『宗教生活の原初形態』、上巻、三一五〜三一六頁（一部訳文を変更）。デュルケムのこの主張が誤っていることは本書の処々で縷々記されている。トーテミズムは氏族と結び付いて存在する。しかしフェティシズムは氏族の形成される以前から、火の使用以前から存在している。そのことをも、ここで一言付け加えておこう。

26　C. de Brosses, *ibid.*, p. 252.

第四章　エウセビオスの中のサンコニアトン

第一節　ディオドロス断章　―『歴史文庫』―

前節において私は、フェティシズムはたんにアフリカ・アジア・アメリカ・極北の諸大陸、諸地域に存在するばかりでなく、先史のギリシア・ローマ世界にもたしかに存在していたとド＝ブロスが述べている点を、示唆的に記しておいた。その、前節から持ち越された問題を詳述することが、本節の課題である。

ド＝ブロスは、ギリシア・ローマを含めた地中海世界にフェティシズムの痕跡を探し求めるのに、まずはディオドロスに依拠する。『フェティシュ諸神の崇拝』には、ディオドロスの著作『ビブリオテカ・ヒストリア（歴史文庫）』からの引用という注記のもとに、次のごとき原初世界が記されている。

「ディオドロスは、その書第一巻で、人類発祥は自分たちに起因するとエジプト人が主張したと記したが、その箇所で同時に、人類の原初的形成方式に関する詳細な報告をしている。『地軸を中心とする地球の永久回転は―と彼は言う―この運動によって、地球を陸上と水中とに分けた。だがそのために、地上は柔らかく、ぬかるみのままだった。この状態の中で太陽が地上を照らし、その表面に様々な発酵を生ぜしめた。ひどくじめじめした土地に、弱々しい膜で隠されたこぶが形づくられた。それはちょうど、熱い太陽光線が冷たい空気にじかに降りかかっている時、いまでも沼沢のような場所で生じているのが見られるようにである。この最初の萌芽はひどい沼気からその糧を得たが、その沼気は夜のあいだ大地を覆い、日中は大気温で秘かにその力を蓄えた。そのようにしてついに機が熟すると、それはいままで身を包んでいた薄膜を脱ぎ棄て、あらゆる種類の動物の姿となって出現したのだった。それらのうち、熱がこれを支配したものは空中に飛び立った。これが鳥である。また、より多くの土でできているもの、例えば人間とか四足獣とか地を這う動物は、地上にとどまった。そして最後に、最も水に近い要素からなるもの、例えば魚は水中に適当なすみかを見つけた。その後大地は太陽の炎熱か或いは風によって、じきにすっかり乾ききり、そのようにして大地はもはや自分自身から動物を生み出すことはできず、その後はすでに産み出されてあった種が、ただ生殖によってのみ維持されたのである。……にもかかわらず、これらの自然学者が地球に対して添えた特性、つまり、地球は上に述べた生き物すべてを自分の中から産み出したという点に疑いを持つ者がいる場合、彼らに対してはテーベでいまも自然の為せることが例に引かれる。なぜなら、ナイル河がいつもの氾濫をおこしたあと水が引いて太陽が地上を熱し、ふたたび様々な腐敗が生じると、その場所から無数の鼠が這い出して来るのが見られるからである。したがって、これらの自然学者の述べるところでは、地球は周囲の大気の運動によって乾燥したので、世界のそもその始まりにおいて様々な種類の動物を産み出したに違いないのである。……その光景を見た者すべてを驚かせると彼らが述べる鼠の這い出しというこの特別な例証を、彼らはすこぶる重視する。

なぜなら、この動物については時折、すでに形ができて生き物となった半数は地上に出ているものの、残りの半数は未だ地中にくっついて泥土のままの状態にあるのが認められるからである。彼らはさらに続けて言う。これにより以下のことがらが確信的に示される。つまりエジプトにおいて、自然力の展開から初めての人間が産み出されたのであり、その訳は、結局のところエジプトの大地だけが、世界中のこんにち的状態においてまさしく、依然として自ら或る種の動物を産み出している唯一の地域だからである』[★1]。エジプト自然史の一研究者がつくったこの作り話は、一七世紀の末になっても依然として、半身が土で半身が動物の恰好をした蛙とか鼠とかがそこの土地で発見されるか否かといった問題の一つに数えられていた[★2]」。

「『上に述べたようにして生まれた人類は、もともとはまったくの野生に暮らしていた。各人は他から離れて独りでやっていき、そうして野に生え放題の野草や果実を、そのままで食べていた[★3]。だがそのうち彼らは、頻繁に猛獣に襲われ出し、そこで互いに援助し合うことが必要だと考えるようになった。まずは恐れから一緒になり、しだいに相互の係わりに慣れ親しむようになっていった。最初は曖昧な、未だ音節に切ることのない言葉しか話さなかったのだが、彼らに様々な対象が明らかになるや、しだいに様々な音声をも表現するようになり、ついにはあらゆる事物を表現するほどに熟達した単一の言葉をつくりだしたのである。様々な土地で偶然一つにまとまっただけで、相互には何ら交渉をもたないこうした小集団から、各々様々な民族と言語とが発生した。それでも未だ人びとは快適な生活を知らず、そればかりか美味しい食物にも縁がなかったし、住居なく、火の使用なく、生活資料を貯蔵することもなかった。そして冬ともなれば、寒さと飢えとで大半が死んだのである。だが、そのうちに彼らは、洞窟をつくってその中に避難場所を得、火のおこし方を発見し、収穫物の保存に気づき、ついには、こんにち生活にだけでなく社会生活の安楽にも資している学芸を振興させるに至ったのである。このようにして、必要が人間の女教師だったのであり、これが人間に対し思慮を、言語を、そして手を使うよう教えてくれたのである。それらは残余のあらゆる被造物にまさって、特に人間だけに自然が贈ってくれたのだった[4]』。

ド＝ブロス著作中に引用されているディオドロスの文章をずいぶん長大に孫引きしたが、それにはそれなりの理由がある。理由の第一は、上記のディオドロスを、ド＝ブロスは直接『ビブリオテカ・ヒストリア』から引いたとしているものの、実はカエサレアの教会史家エウセビオスの『福音の準備』から孫引いたのではなかろうか、或いは、直接引いたとして、自らもエウセビオスの批判的観点に立ってディオドロスを読んだのではなかろうか、との推測が可能だからである[5]。理由の第二は、ディオドロスの上記断章中には一切創造の神が登場せず、この神なき神話的叙述は天地創造というよりも天地開闢という印象が強いためである。そして理由の第三は、人間は自然現象の転回過程で泥土から生まれ、泥土の産物によって生かされたと明確に記されているからである。以上に指摘した三点は、ド＝ブロスのフェティシズム定義にとってきわめて重大なことがらである。詳細を述べるとしよう。

第二節　エウセビオスの慧眼　―『福音の準備』―

ド＝ブロスは自著の序文で、人類最古の信仰形態について解説した古フェニキア人サンコニアトンに言及したのだが、そのサンコニアトンは、唯一エウセビオスの『福音の準備』の中で後世に伝えられたのである。その径路は以下のごとくである。まず、ベリトゥスにて『フェニキアの歴史』を書きあげたサンコニアトンは、これをそこの王アビ・バール（Abi Baal）に献呈する。これを、サンコニアトンから千年以上後世のフェニキア人、ビブロスのフィロン（Philon de Biblos, 64-141）がギリシア語に翻訳した。全体を九篇に分け、『信頼できない記述について（περι παραςοες ιςοριας）』という書名を付けた。その目的とするところは、「彼（サンコニアトン）がすでにギリシア人に反対して主張していたことをいっそう強固にすること」[★6]であった。つまり、地中海沿岸諸族の最古の歴史をギリシア人のアレゴリーから救うためであった。[★7]しかし、皮肉にもそのフィロンのギリシア語訳サンコニアトンは、フェニキアのテュロス生まれの人、新プラトン派の哲学者、アレゴリーの名手ポルフュリオス（Porphyrios, 232/33-C. 305 A.D.）によって保存されることになる。ポルフュリオスは、自著『キリスト教徒に抗して（κατά χριστιανον）』の第四分冊に、ビブロスのフィロンによるギリシア語訳サンコニアトンを引用した。だが幸いなことに、ポルフュリオスの引いたサンコニアトンはフィロン訳のままに、「逐語的」であった。だれが「逐語的」という表現でポルフュリオスに言及したか。それはエウセビオスである。彼を除いて、そのように語れる人物はいないのである。なぜか。実は、ポルフュリオスの著作『キリスト教徒に抗して』は、どうやらエウセビオスの著作『福音の準備』の中に引用されるかたちでしか、後世には遺らなかったらしいからである。少なくとも、サンコニアトン断章についてはそのようである。こうして、古フェニキアの歴史に関する飾り気のない情報は、サンコニアトン→ビブロスのフィロン→ポルフュリオス→エウセビオスの径路をたどって中世以降のヨーロッパ世界に遺伝されたのである。そして一七六〇年、我らがド＝ブロスによってサンコニアトンの断章がついにフランス語に翻訳され、彼のフェティシズム定義に活用されることになったのである。

そのド＝ブロスは、エウセビオスを相当頼りにしている。例えば、ド＝ブロスが「選ばれた人種」だけをフェティシストから除外した点は、エウセビオス著作巻一の第六章に、すでに記されてあることと大いに関連する。

「さて、フェニキア人とエジプト人は、太陽と月と星辰とを神がみであると、また生殖および宇宙衰微双方の単一原因であると宣言した、全人類で最初の人びとだったとの記録が残っており、また彼らは、その後、普段の生活中に通例は悪名高いこととされている神格化と神統記とを持ち込んだ最初の人びとだったとの記録が残っている。

彼ら以前には天の現象について知識を進展させた者はいないと言われている。その例外はヘブライ人のあいだで話題にされているごくわずかの人々である。その人びとはきわめて明瞭な心の眼で、あらゆる可視の世界を越え、宇宙の造り主と考案者とを崇拝し、主の作品から思い浮かぶ、その主の賢明と力との偉大さに、大いに驚嘆した。そしてまた、主だけが神であることを確信し、神としてはただ主のことだけを自然に語った。そして、これを真正の、最初の、そして唯一の宗教として父から息子へ代々、継続的に受け継ぎ守護してきた、とも言われている。
しかし、残余の人類は、この唯一の真正な宗教から脱落し、畏怖の念を抱きつつ、人間の眼で、心はほんの子どものように、天の発光体に見入り、それらを神がみであると宣言し、供物と礼拝儀式とで以ってそれら（天体）を称えた。その頃までは未だ神殿も建てられておらず、人間の肖像を作り上げたりいろいろな像を刻んだりすることはなかったのだが、澄んだ空を、天それ自体を仰ぎ見、心の中で、そこに見える事物へと上昇していったのである[★8]」。

エウセビオスは自著の中で、はっきりとこう記す。「何が証明さるべきかの明白な声明において、私は、自分自身の言葉を記しはしないだろう。その代わり、神がみと呼ばれるまさにその人びとへの崇拝に大いなる関心を抱いてきた、まさにそうした人物の言葉を記すであろう。そうすることによって、証明は、我々が創り出したあらゆる疑念から遠ざかることができる[★9]」。この声明は、ド＝ブロスの採る次なる立場と一致する。「野生人のもとでは、神（Dieu）とか精神（Esprit）とかの言葉は、我々のもとでのような意義をまったく持っていない。すでに注意しておいたように、彼らの思考様式について推論するに際しては、我々の観念を彼らになすりつけることのないよう、十分に警戒しなければならない[★10]」。ド＝ブロスは、ことほどさように、エウセビオスの影響を被っているのである。

第三節　サンコニアトン断章　―『フェニキアの歴史』―

『フェティシュ諸神の崇拝』と『福音の準備』巻一とを読み比べてみると、ド＝ブロスが真に影響を被ったのは、エウセビオスでなく、エウセビオスの中のサンコニアトンであることが諒解される。その際、影響の核心は、創造の神なき太古の信仰、太陽なり、風なり、樹木なり、そして岩石なりを端的に崇拝の対象とする信仰である。これをド＝ブロスはフェティシズムと名づけたのであった。そのような信仰形態の名残り、或いはそれの神話化された伝承が、ディオドロスの『ビブリオテカ・ヒストリア』に綴られてあったというわけである。ではここで、サンコニアトン断章から幾つかの要点を引用してみることにする。幾つかと称しても、引用は重厚長大にわたる。出典はド＝ブロスでなく、エウセビオスである。語り手はビブロスのフィロンである。

「宇宙の第一原理を彼（サンコニアトン）は、雲と風とをともなった暗闇の大気、いやむしろ曇った大気の突風、およびエレボスのごとき暗闇の、濁ったカオスであったと想像している。またこれらは、どこまでいっても果てがなく、いつまでたっても際限がないものと想像している。しかし―と彼（サンコニアトン）は言う―風がそれ自身の両親に魅せられると、混合が起こり、その交わりは欲求と呼ばれた。これが万物生成の開始であった。けれども風自身は、自らの生成に関しては何も知っていなかった。その交わりからモト（Mot）が生まれた。このモトは泥（mud）とも称され、或いは湿気を含み持った腐敗物とも称される。ここからありとあらゆる生成の胚種が出て来たし、ここから宇宙の発生があった。まったく感情を持たない動物がいくらかいて、それから知能を持った動物が生まれた。それらはゾファセミン（Zophasemin）と呼ばれたが、その意味は『天の観察者』であり、卵の恰好のように形づくられた。それから、モトは破裂して光となり、また太陽、月、星、そして絢爛たる星座になった」。

「（南風ノトス Notos とか北風ボレアス Boreas とか）これらは大地の産物を聖別した最初のものであり、神がみと見做され、自分自身およびその後に生ずることになった者、それ以前にあった者すべての生命を支えるものとして崇拝された。またそれらには飲物の供物と神酒とが捧げられた」。

「これらは、弱くて小心な精神に相応した崇拝観念であった。それから、サンコニアトンが言うには、風コルピアス（Colpias）とその妻バーウ（Baau）《これをサンコニアトンは『夜』と解釈している》からいわゆる死すべき人間たるアイオーン（Aeon　永遠）とプロトゴノス（Protogonus　始原生成）とが生まれた。そしてアイオーンは樹木から食糧を採ることを考え出した。また彼らの子はゲノス（Genos）とゲネア（Genea）と呼ばれ、フェニキアに住んだ。旱魃が発生した時、彼らは腕を天空の太陽の方へ伸ばした。彼らは太陽のみを《とサンコニアトンは言う》天の支配者と見做し、それをベールザメン（Beelsamen）と名付けた。この名はフェニキア語で『天の支配者』を意味し、ギリシア語では『ゼウス』を意味する」。

「アイオーンとプロトゴノスの息子ゲノスから、さらに光、火、そして火炎という名を持つ、人間の子どもたちが生まれた。彼の言うところでは、これらの子どもたちは、木片を擦り合わせると火ができることを発見し、その使用方法を教えた。それからこの子どもたちは、すぐれた体格、身長の息子たちをこしらえ、その子どもらの名は、その子らが占めた山に適用された。それで、彼らからカシウス（Cassius）、リバヌス（Libanus）、アンティリバヌス（Antilibanus）、そしてブラティ（Brathy）という山が命名された。彼が言うには、これらからメムルムス（Memrumus）とヒプスラニウス（Hypsuranius）が生まれたが、その名は―彼が言うには―母親たちに因んで名付けられた。その当時、女たちは偶然出逢った者だれとでも自由に交わっていたからである」。

「ヒプスラニウスはティルスに住み、葦とか藺《い》草、パピルスでなんとか小屋を作った。彼は、兄弟のウソース（Ousöus）と反目したが、ウソースは野獣の毛皮で身体を覆うことを考え出した最初の人物であって、こうした野獣を捕まえるのに十分強靭だった。ティルスで凄まじい暴風雨が発生した時、樹木は互いに擦れ合い、火が付いた。そして、この地にあった森は焼き尽くされた。そこでウソースは、一本の樹木を取り、その枝を払い、海に浮かべ、勇気を振って船出した最初の人となった。また、彼は火と風とのために二本の柱石を聖別し、それらを崇拝した。そして、彼が狩りで捕えた野獣の血を献酒としてそれらに注ぎかけた★11」。

これに続いて、サンコニアトンは次なる系譜を語る。ヒプスラニウスとウソースが死ぬと、残された人びとは二人のために柱石を建てて崇拝した。それから長い歳月を経て、ヒプスラニウスの血統にアグレウス（Agreus）とハリエウス（Halieus）が生まれた。この二人は最初の狩人と漁師であった。その二人から、さらに二人の兄弟が生まれたが、彼らは鉄と、その採掘方法の発見者となった。そのうちの一人、クリュソール（Chrysor）は礼拝式を実行した。またこの系統において、はるかのちに二人の若者テクニテス（Technites 技工）とゲイノス・アウトクトン（Gëinos Autochthon 地から生まれた先住民）が生まれた。

彼らは日干しレンガを工案した。さらにその子孫にアグロス（Agros）およびアグルエロス（Agruëros）ないしアグロテス（Agrotes）と呼ばれる二人の子が生まれたが、そのうち後者はビブロスの人びとによって神がみの中の最も偉大な神と命名されている。この二人からアミュノス（Amynos）とマグス（Magus）が生まれ、彼らは村をつくり、羊の囲いをつくった。その子ミソール（Misor 正直）とスドゥク（Suduc 公正）は塩の使い方を考え出した。そのうちミソールからタートゥス（Taatus）が生まれ、彼は最初のアルファベットを考案した。彼のことをエジプト人はテュート（Thorth）と呼び、アレクサンドリア人はトート（Thoth）と、ギリシア人はヘルメス（Hermes）と呼んだ。

スドゥクからディオスクリ（Dioscuri）、カベイリ（Cabeiri）、コリュバンテス（Corybantes）、サモトラケス（Samothraces）が生まれ、船を考案したり、さらにその子孫には薬草を発見する者も出現した。そしてエリオウン（Elioun）とベルート（Beruth）の二人のあいだに、のちにウラノス（Uranus）と呼ばれることとなる子エピゲイウス（Epigeius）ないしアウトクトン（Authochthon）が生まれた。ウラノスには妹がいて、その名をゲ（Gē 大地）といった。[★12] サンコニアトンは、ウラノスから以降の系譜をさらに続けるのだが、ここではその紹介を打ち切り、それに代えて、ウラノスが為した、一つの意味深長の行為を記したサンコニアトンの文章を引用しよう。

「さらには―と彼（サンコニアトン）は言う―ウラノス神は、なんとか石に生命を吹き込んでベティリア（Baetylia）をつくりあげた[★13]」。

ウラノスがこしらえた聖なる石ベティィリア、これこそがビブロスのフィロン、カエサレアのエウセビオスを経由してサンコニアトンからド＝ブロスに伝えられた、フェティシュ諸神の元祖なのである。ド＝ブロスは、サンコニアトン断章をこのように解釈することによって、のちにフェニキアからギリシア世界へと伝播された神がみの物語中にフェティシズムのギリシア的起原を確認するのであった。また、かようなフェティシュ神は岩石だけではなかった。エジプトやフェニキアからギリシアに伝播された動物信仰中にも、幾つかのフェティシュがあるという。[14] その際ド＝ブロスは、ギリシアには、ウラノスの聖石物語が他所から伝わるより以前に、すでにそのような聖石崇拝が存在していたと説く。書かれた記録の上では岩石フェティシュはウラノスに始まるが、残された岩石神の数や地域的分布をみたならば、ギリシアには原初からフェティシュ信仰が存在していたのである。

サンコニアトンの断章には原初の神がみの世界ないし人間の世界に母系制が存在したらしい記述が読まれるが、それはフェニキアのみならずギリシアにも存在した。そのことは、一九世紀の神話学者・民族学者ヨーハン・ヤーコプ・バッハオーフェンによってみごとに立証されている。[15] そのような母権制時代のギリシアに流行した信仰は、けっしてアレゴリーでなく、見たままの、そのままの個物の信仰だった。そのことは、ド＝ブロスが強調するよりも、まず以ってビブロスのフィロンとカエサレアのエウセビオスが力説していた。サンコニアトンの神学は「背後に秘密の意味が隠された、何らかの理論を含む寓話、詩人の作り話などでない点が明示されなければならない[16]」。

このようにしてギリシア世界にフェティシュ信仰の存在したことを確認したド＝ブロスは、その実例を、こんどはエウセビオスでなくパウサニアスから拾うことになる。二世紀ギリシアの旅行家パウサニアスは、リディアの生まれらしいのだが、パレスチナ、エジプト、イタリアの各地を旅行してまわり、とりわけギリシアをよく観察してまわった。その成果として彼は、『ギリシア記（Ελλαδος

Περιηγησεως)』全一〇巻を著わした。南部・中部ギリシアの主要都市について、その歴史、地誌、習俗などを、この大部の著作に綴った。この作品は、ド゠ブロスのフェティシズム定義にはかり知れない利益を与えたのである。

★註

1 ディオドルスからのこの引用は、オヴィディウスの『変身物語（*Metamorphoses*）』巻一、「ピュトン」の節に含まれる次なる記述を思い起こさせる。「他の生き物は、形においてさまざまだが、すべて大地がひとりでに生みだしたものだ。まず、洪水の名残りである古い水分が太陽光線によって熱せられ、泥と湿っぽい沼沢とがその熱でふくれあがる。つぎに、諸物の多産な胚種が、ちょうど母親の胎内でのように、命をはぐくむ土壌に養われて大きくなり、しだいに何らかの姿をとっていく—そういう経過があってのことだった。／これと同じことが、ナイル河の氾濫のばあいにも見られる。七つの河口を持つこの河が、水浸しになった田野から退いて、もとの川床へと流れを返し、出来たての泥土が天日で熱くなったとき、農夫たちが土を掘り返すと、そこにおびただしい生き物が見出される。そのなかには、ほんの出来たてで、まさに発生期にあるものもあれば、まだ発育が不完全で、すべての器官が揃っていないというものもある。かとおもうと、よくある例だが、同一のからだのなかに生きている部分と不定形な土の部分が共存していたりもする。じじつ、水分と熱とが適当に混ぜ合わされると、そこに生命が誕生し、つまり万物はこのふたつのものから生じるのだ。そして、火と水は敵対関係にあるけれども、水分を含んだ熱気がすべてのものを生み出すのであり、不和のなかのこの和合が、生命の発生には好適なのだ。／だからこそ、最近の洪水によって泥におおわれた大地が、日の光と空の熱気でほてったとき、無数の生物種を生み出したのだ。そして、そのなかにあるものは、むかしどおりの形をしていたが、他のあるものは、新奇な怪物だった」。中村善也訳『変身物語』岩波文庫、上巻、三〇〜三一頁。

2 Charles de Brosses, *Du Culte des Dieux fétiches, ou Parallèle de l'ancienne Religion de l'Égypte avec la Religion actuelle de Nigritie*, pp. 231-234.

3　「野に生え放題の野草や果実を、そのままで食べていた」の一文は、「泥土から生えでた葦神」、『古事記』冒頭の「宇摩志阿斯訶備比古遅神（うましあしかびひこじ）の箇所と大いに関連している。石塚正英『フェティシズムの信仰圏―神仏虐待のフォークロア』世界書院、一九九三年、第三章、参照。

4　C. de Brosses, *ibid.*, pp. 74-75.

5　この推測の根拠は、ド＝ブロスの引用部分がエウセビオスの引用部分にほぼ重なるか、或いはそれに含まれていることである。Cf. Eusebius, tr. by E. Hamilton Gifford, *Preparation for Gospel*, in 2Vols., I, Baker Book House Grand Rapids, Michigan, 1981.（Reproduction of the 1903 edition issued by the Clarendon Press Oxford）, pp. 21-24.

6　C. de Brosses, *ibid.*, p. 275.

7　ギリシア人のアレゴリー的神話解釈の開始期に関連して、神話学者の松村武雄は次のように述べている。「紀元前五百二十年頃に住んでいたレギウムのテアゲネス（Theagenes）は、クセノファネスの神話観にその萌芽を見せた寓喩説の強健な開拓者であり、そしてその意味に於て、後代の猶太教的及び基督教的註解者の最も早い先駆者であった。彼の信ずるところによると、神話の秘密を開く鑰鍵は、ひとり寓喩に見出されるのであった」。松村武雄『神話学原論』下巻、培風館、一九四〇年、五三四頁。

8　Eusebius, *ibid.*, I. pp. 19-20.

9　*Ibid.*, p. 19.

10　C. de Brosses, *ibid.*, p. 200.

11　Eusebius, *ibid.*, pp. 37-40.

12　*Ibid.*, pp. 40-42.

13 *Ibid.*, p. 42.

14 *Ibid.*, pp. 45-46.

15 犬童美子・光永洋子・石原通子・石塚正英・布村一夫共著『母権論解読―フェミニズムの根拠』世界書院、一九九二年、石塚正英『バッハオーフェン―母権から母方オジ権へ』論創社、二〇〇一年、参照。

16 Eusebius, *ibid.*, p. 47.

第五章　ヘブライ語版旧約聖書におけるセイリムとヘベル

第一節　選ばれた民のフェティシュ信仰　―モーセ、フェティシュ崇拝を厳禁―

ド＝ブロスは「選ばれた民」すなわちヤーヴェの民だけはフェティシズムを経験していないと断わっている。★1 また、ド＝ブロスが「選ばれた人種」だけをフェティシストから除外しているのはエウセビオスの影響によるのであろう。しかしド＝ブロスは、旧約聖書を引用しつつユダヤ教の起原を語るに際して、明らかに原初のヘブライ世界にフェティシュ信仰の存在していたことを証拠立てているのである。本節では、その問題が検討される。

ド＝ブロスは、旧約聖書の出エジプト記に出てくる荒野の金牛崇拝★2を語る際、「聖書の描写からわかることは、それは象徴的でも寓意的でもなく、純粋に直接的な動物崇拝である」★3とする。因みに、出エジプト記三二‐八には次の一節が読まれる。「彼ら（ユダヤの民）は早くもわたしが命じた道を離れ、自分のために鋳物の子牛を造り、これを拝み、これに犠牲をささげて、『イスラエルよ、これはあなたをエジプトの国から導きのぼったあなたの神である』と言っている」。ド＝ブロスは、この記述には象徴も寓意も一切含まれておらず、その解釈は文字通りに行なうべきだと主張するのである。このように述べることによってド＝ブロスは、ついに族長時代のユダヤ教徒をフェティシュ信仰者と規定するところにまで論述を深めていくのである。ド＝ブロスは言う。

「モーセは、それまで綯交ぜになっていたエジプトの祭儀を、すなわち偶像、それから四足獣、鳥、地を這う蛇類、魚、それから最後に星辰を、きちんと三種に区別した。そしてモーセの律法は、きわめて厳しい威嚇でもって、こうしたフェティシュ崇拝へのあらゆる参加を禁止したのである。いわく、あなたは陸のものであれ海のものであれ、動物の像を刻んではならない。《申命記一七‐二一》。あなたは聖なる杜をつくってはならない。あなたは今後、野生のものであれ家のものであれ、有毛のものに（aux velus）犠牲を捧げてはならない《レビ記一七‐七》。したがって、seirim とか pilosi、hirsuti の語は、或いはユヴェナリスも付言しているように、lanata animalia と翻訳せねばならないのであって、秘術やプラトン主義が流行していた時代を通じて翻訳されてきたように、悪霊（daemones）としてはならないのである★4」。

שְׂעִירִים (seirim)

ド＝ブロスによれば、旧約聖書における「有毛のもの」は、ヘブライ語版原典では上記のようにある通り、それには文字通りの解釈が備わっているが、そのラテン語訳聖書では意味内容に著しい改変・改悪がみられるのである。「有毛のもの」にあたるラテン語の単語は例えば pilosus なのだが、これを訳語に採用したラテン語訳者は誤った立場を固持しているということなのである。ド＝ブロスは、このように語るに際し、ギリシア・ローマ時代にたたかわされた一つの論争を念頭においている。すなわち、ギリシア・ローマでは、古代エジプトの動物崇拝をめぐって二つの相互に対立し合う見解が提出された。その、二つの相異なる見解とは次のものである。第一のものは、例えば紀元一世紀から二世紀初にかけてローマで活躍したプルタルコスが、著作『イシスとオシリス（*De Iside et Osiride*）』で唱えたもので、すでに述べてあるアレゴリーである。彼によれば、エジプトの神がみの話と神がみの姿とは、象徴的に、或いは比喩的に理解するべきだとなる。すなわち、あの輝かしい文明を築き上げたエジプト人が、それも上層の、分別の知識のある人びとが、蛇のごとき、地を這う獣類を本当の神と崇め、その前に跪くことなど断じて考えられず、実際のところは、動物の姿をした別の存在、動物の背後に隠れている崇高な存在を礼拝しているということである。これに対し第二の見解は、プルタルコスのアレゴリー説と反対のもので、こちらも既述済みの人物ビブロスのフィロンが、古フェニキア人サンコニアトンの教説だとして後代のギリシア人に紹介しているものである。サンコニアトンが『フェニキアの歴史』中で言うには、フェニキア人がアガトデーモン（Agathodaemon善霊）と称しエジプト人がクネフ（Kneph）と称している蛇が、太古のエジプト人にとって正真正銘の神なのである。[★5] サンコニアトンの解釈では、エジプトの動物崇拝はけっしてアレゴリーなどでなく、羊や牛、地を這う獣を本当の神としているということになるのである。ギリシア・ローマで主張された以上二種の見解中、ド＝ブロスはもちろん、サンコニアトンをギリシアに紹介したビブロスのフィロンの立場に立っていたのである。

ド＝ブロスは、旧約聖書を題材にして、次のような態度表明を行なう。つまり、最初の立法者モーセ（Moseh, c. BC. 1350 - 1250）がラムセス二世（Ramses II, c. BC. 1350 エジプト第一九王朝の王）の頃のエジプトを脱出した時、ヘブライ人に対し端的に「毛深いもの、有毛のもの（seirim, pilosi, hirsuti）」を崇拝してはならない、と戒めている。ところが、時代がくだってヘレニズム期になると、この「有毛のもの」はアレゴリーであって、その背後に別の、真の意味が潜在している、との解釈が出現した。この傾向はローマ期においてほぼ定着し、旧約聖書のギリシア語訳（前三世紀に完成）、そしてそのラテン語訳（後二世紀に出現）が普及すると、かの「有毛のもの」は「鬼神（Daemon, daemonibus）」と訳されることになった。或いはヘブライ起原の pilosi という語をそのままラテン語に用いたにせよ、その意味内容は鬼神を指し示すようになった。しかし、例えばローマ帝政期の風刺詩人ユヴェナリスなどは、pilosus は文字通り lanata animalia（羊毛の動物、つまり山羊）とラテン語訳せねばならないとしている。ド＝ブロスは、以上のように述べることによって、エジプトの動物崇拝に関して存在している二つの対立的見解、つまりアレゴリー説と本物崇拝説のうち、後者の立場に立って旧約聖書の pilosus, seirim を解釈せねばならないとするのである。

第二節　ラテン語訳版旧約聖書のアレゴリー　―pilosus の多義性―

ド＝ブロスがかく主張する根拠を探るため、我々としても実際にラテン語訳版旧約聖書の当該箇所にあたってみる必要がある。そこで、現在スペインで市販されている旧約聖書、四世紀末から五世紀初めにかけてパレスチナで活躍したヒエロニムス（Hieronymus, c. 346 - 420）の仕事になるといわれるウルガタ聖書の系譜にあるラテン語訳版をまず検討する。レビ記一七‐七に次の文章が記されている。

et nequaquam ultra immolabunt hostias suas daemonibus, cum quibus fornicati sunt.

Legitimum sempiternum erit illis et posteris eorum.★6

ここでは、ヘブライ語で serim となっている箇所が deamonibus すなわち鬼神となっている。次に、現在ドイツで市販されているドイツ語訳版旧約聖書、ルネサンス・宗教改革の時代のドイツでロイヒリン（J. Reuchlin, 1455 - 1522）らがヘブライ語で直接旧約を研究し、ルターが新しい解釈によって聖書をドイツ語訳した、そういう反カトリック的批判的見地が反映したプロテスタント系のものを検討する。同じくレビ記一七 - 七である。

Sie sollen ihre Schlachtopfer nicht mehr für die Bocksgeister darbringen, denen sie buhlend nachgelaufen sind. Dieses Gesetz soll für alle Zeiten von Geschlecht zu Geschlecht Geltung haben.★7

ここでは seirim が Bocksgeister すなわち山羊の霊となっている。因みに、わが国で市販されている日本聖書協会訳でレビ記一七 - 七を見てみよう。第一は一九五五年改訳版、第二は一九八九年の新共同訳版である。

（第一）彼らが慕って姦淫をおこなったみだらな神に、再び犠牲をささげてはならない。これは彼らが代々ながく守るべき定めである。★8

（第二）彼らがかつて、淫行を行ったあの山羊の魔神に二度と献げ物をささげてはならない。これは彼らが代々にわたって守るべき不変の定めである。★9

第一の訳ではseirimが「みだらな神」とされ、第二の訳では「山羊の魔神」とされている。いずれの翻訳も、底本はルドルフ・キッテル編の*Biblia Hebraica Stuttgartensia*すなわちヘブライ語版の旧約聖書である。ということは、日本語訳版は、語原においてヘブライ語系のseirim, pilosiを確認しつつも、解釈において大なり（第一の訳）小なり（第二の訳）、アレゴリー説を採用していることになる。それに対しドイツ語訳版すなわちプロテスタント系のものは、ラテン語訳つまりカトリック系の解釈を棄てて、直接ヘブライ語に依拠したということがわかってくる（「霊」としている点は誤訳だが）。

ところで、モーセによれば可視のもの、目に見えて捉えられるものは、すべて不可視の神ヤーヴェが造ったものであるから、動物などはヤーヴェそのものでありえようはずがなく、むしろ反対に、ヤーヴェに敵対する異教の神がみである。したがって、そのようなもの―動物とか太陽、またはその像―を神と崇めてはならないことになる。ところが、太古のフェニキア人サンコニアトンの証言によれば、エジプトの民衆は、そのようなものを本当の神として崇めていたのである。紀元前二千年頃のエジプト人にしてみれば、不可視の神―ヤーヴェ信仰は未だ登場していないが―は神Godでなかったか、或いはせいぜい神がみの中の一つ、one of spiritsにすぎなかったことになる。しかし後代のユダヤ教徒、とりわけヘレニズム期アレクサンドリアのユダヤ教徒の中には、エジプト人の動物崇拝をアレゴリーと解し、本当はその背後に悪魔、鬼神たるデーモンが存在しているものと考えるようになった。そのことに関連して、旧約聖書からもう一箇所引用してみたい。イザヤ書一三‐二一に次の一節がある。今度は、まず以って日本聖書協会訳（第一）（第二）を掲げる。

（第一）ただ、野の獣がそこに伏し、ほえる獣がその家に満ち、だちょうがそこに住み、鬼神がそこに踊る。★[10]

（第二）かえって、ハイエナがそこに伏し／家々にはみみずくが群がり／駝鳥が住み、山羊の魔神が踊る。★[11]

「鬼神」「山羊の魔神」とある箇所―これはバビロンの異教徒について述べた箇所なのだが―をラテン語訳で見ると以下のごとくである。

Sed requiescent ibi bestiae, Et replebuntur domus eorum draconibus, Et habitabunt ibi struthiones, Et pilosi saltabunt ibi★[12];

つまり pilosi である。さらに、同じ箇所をドイツ語訳で見ると、

Nur Wüstentiere hausen dort, und Eulen füllen die Häuser. Strausse wohnen dort, und Bocksgeister führen dort ihre Tänze auf.★[13]

これはレビ記の箇所と同様、Bocksgeister となっている。そうしてみると、ラテン語版旧約聖書ないし中世カトリック教世界では、pilosi, seirim は daemon と同義語にされていることがわかり、アレゴリーが前面に出ていることがわかる。またラテン語訳版旧約聖書では、エジプトの動物崇拝は文字通りの動

物への崇拝でなく、悪魔への崇拝というように解釈され、したがって、エジプト人によって崇拝される聖獣の背後には、デーモン霊が君臨すると解釈されたことになるわけである。

しかしながら、ド＝ブロスを読んだ私には、いやサンコニアトンとモーセとを比較し、ビブロスのフィロンとプルタルコスとを比較し、エウセビオスとポルフュリオスとを比較し終えた私には、ヘブライ起原の pilosi, seirim なる語の本原的な意味は、サンコニアトンが指摘し、ビブロスのフィロンが支持し、エウセビオスによって後世に伝えられたもの、つまり、有毛のもの、山羊、動物そのものと解するのが歴史的真実に近いものと思われる。★14 その証拠は、宗教改革の時代においてドイツのプロテスタント系神学者たち、ヘブライ語研究者たちが pilosus や seirim を端的に Bocksgeister、つまり山羊の霊と訳し直した点にある。そのことに関連して、旧約聖書の研究家ファイファーの立論を紹介する。

「アレクサンドリアのユダヤ教の最大の遺物は、疑いもなく、ヘブル語の旧約聖書の常用ギリシア語への翻訳であった。この訳本の起源は不明であるが、伝説によれば、プトレマイオス（フィラデルフォス）の最初の治世中にこの翻訳が始められた。（中略）アレクサンドリアのユダヤ人たちは、先祖たちの信仰を放棄しようと考えなかったが、ギリシア哲学の学派の教えることに興味をもち、彼らの周囲の異邦人たちにならった。結果的にそれは、聖書を解釈するに当たって寓話法を用いるギリシア的思惟と、聖書を調和させようとするに至った。この寓話法の大家はアリストブルスと（アレクサンドリアの）フィロであった。彼らにとって聖書の文字通りの意味は下品であり、誤解を招くおそれがあり、不十分であり、もっと深淵な、隠されている意味を求めなければならないと主張した」。

「キリスト教会は、ユダヤ教の寓話主義者から、ある場所では今日までも続けられている聖書解釈法を受容した。オリゲネスの時代以来、この寓話的解釈法はローマ・カトリック教会の思想を支配した。しかし、古代においては例外があった。モプスエスティアのセオドアなどの作家を出したアンテオケのシリア学派は聖書の文字通りの解釈を主張した。シリアはアレクサンドリアの影響を離れ、寓話化の傾向に対決して、聖書の本当の性格を尊重する傾向を示した。宗教改革は後に文字通りの、歴史的聖書解釈を改めて強調した[★15]」。

このように、ファイファーの研究書を参照してみればなおのこと、ラテン語訳版旧約聖書に記されたseirim, pilosusなる語は、デーモン、鬼神の類でなく、文字通り「有毛のもの」「毛深いもの」すなわち山羊などの動物、ユヴェナリス風に述べればlanata animaliaと解釈するのが妥当と思われる。

第三節　ヘブライ語版旧約聖書にみる原初性　―seirimとhebelの関係性―

〔seirimすなわちlanata animalia〕からやがて〔seirimすなわちdaemonibus〕へという解釈上の変化が生じた点については、ド＝ブロスから約百年後ドイツに登場した哲学者ルートヴィヒ・フォイエルバッハ（L. Feuerbach, 1804 - 72）も、おおいに注目した。以下では、ド＝ブロスのフェティシズムとは直接の影響関係を有しないものの、本節での議論にとってきわめて重要な参考となるフォイエルバッハの原初的信仰論・自然信仰論に言及する。

フォイエルバッハは、オリエントの諸神について、例えばユダヤ教ではモーセ以前と以後において、イスラム教（正確にはアラビアの原初的信仰）ではムハンマド以前と以後において、或る重大な区別を施している。彼は、『宗教の本質に関する講演』（一八四八年一二月〜四九年三月講演、一八五一年刊）の中で次のように述べている。

「コーランの神は、旧約聖書の神と同様、自然（Natur）または世界（Welt）である。それは偶像のような、人工的で死んでいて、作られた存在ではなく、その反対に実際的な、生きた存在である。しかし、例えばムハンマド以前のアラビア人たちが尊崇した石のごとき、世界の一断片（ein Stuck Welt）とか自然の一断片（ein Stück Natur）でなく、分割されない、まるごとの、大自然である[★16]」。

この引用文から推測できることは、ムハンマド以後のアラビア人やモーセ以後のヘブライ人はまるごとの自然を神として尊崇し、それ以前の人びとは自然の一断片を神としていた、ということである[★17]。だがフォイエルバッハは、この発言をする八年程以前に刊行した『キリスト教の本質』（一八四一年）の中で、ヘブライ人の信仰に関し次のような評価を下していた。

「信仰は神の礼拝（すなわちモーセ以降の信仰）と偶像崇拝（すなわちモーセ以前の信仰）とのあいだの区別以外のどんな区別も知らない。ただ信仰だけが神に名誉を与える。不信仰は神に相応しいものを神から取り去る。不信仰は神に対する侮辱であり、大逆罪である。異教徒は鬼神（Dämone）を尊崇する。異教徒の神がみは悪魔（Teufel）である。（中略）悪魔は神を憎み、なんらの神も存在しないことを欲する。こうした信仰は、偶像崇拝の根底にもまた横たわっているところの善や真（das Gute und Wahre）に対して無自覚である。こうして信仰は、自分の神に—すなわち自分自身に—服従しないあらゆるものの中に偶像崇拝を認め、そして偶像崇拝の中にはただ悪魔の仕業を認めるだけなのである[★18]」。

こちらの引用文に見られる偶像は、「善や真」に結びつけられポジティヴに解説されている。そこで、以上の二引用文に見られる神・自然・偶像の関係を例えばユダヤ教において整理すると、次のようになる。第一、モーセ以前の族長時代、原ヘブライ人は、他のオリエント諸民族に倣って、石など自然の一断片を神と崇拝する信仰を抱いていて[★19]、そこにはそれなりの善や真が含まれていた。ところが第二に、モーセ以降、まるごとの自然を神とする信仰が勝利を占めると、もはや自然の一断片や人工物を神とする信仰は邪教として排斥され、悪魔扱いされるに至った、ということであろう。

しかしフォイエルバッハには、たとえ断片的であれ自然を神と崇める偶像崇拝は、後世のキリスト教と比べたならけっして邪教でなく、むしろキリスト教の方こそ神＝自然を忘却した観念であるように思えるのである。彼は『宗教の本質』（一八四五年）の中で、次のように述べている。

「私の尊敬の対象の品位が高まると共に私自身の品位が高まるのである。神を太陽や月や星辰を超越した存在者として尊敬している人は、自分自身を太陽や月や星辰の上に高めている人なのである。キリスト教徒たちは異教徒たちに対し、人間を卑下するといって非難した。なぜかといえば、異教徒たちは、人間の下に存在し、かつ、たんに人間によって利用され使用されるためそこに存在したにすぎないような自然に対して、神的な尊敬を捧げたからである[20]」。

この引用文から解釈できることは、キリスト教は人間を自然より一段高い存在と見做している、或いはキリスト教徒は自然を人間の足下に貶めているということでもあろう。キリスト教徒のこのような自然観を、フォイエルバッハは激しく非難する。それに対して、先史の偶像崇拝者の自然観を弁護するのである。そしてまた、前者のごとき堕落せる自然観が生ずる歴史的基点として、フォイエルバッハはモーセの時代に注目するのである。

「たとえ時がたつと共にヤーヴェの概念が個々人の頭の中でひろがっていき、そしてヤーヴェの愛が―ちょうど『ヨナ書』の著者にとってのように―人間一般にひろげられたとしても、しかもなおこのことはイスラエル教の本質的な性格には属さないことである。父祖たちの神（すなわち族長時代までの偶像）―最も重要な想い出はこの神に結び付いている―または古代の歴史的な神が依然として常に宗教の基礎である[21]」。

フォイエルバッハは、先史人は自然の一断片を己が神に選んでいたと考えるのだが、そのような「自然の一断片」とは、ド゠ブロスに言わせればフェティシュのことなのである。すなわち、フォイエルバッハはド゠ブロスを直接には知らぬまま、ド゠ブロスと同一の先史信仰観を捉えるに至ったのである。

原初的信仰についてフォイエルバッハがそのように述べるからには、ド゠ブロスの場合と同様、我々はここでもしばし旧約聖書に立ち入って、その中に父祖たち、族長たちの神がいかように残存しているかを確認してみよう。ただし、モーセ以後相当歳月を過ぎて整えられた旧約聖書には、族長たちが信仰していた神がみは、悉くヤーヴェによって非難・攻撃されるかたちで登場してくる。その一典型がseirimである。レビ記の中でヤーヴェがモーセに伝言している戒めは、ヘブライ語にあっては端的に「動物を崇拝するな」ということである。ここにいう動物神の、族長時代における意味は文字通りのものであり、それ以外のいかなる意味も含んではいなかった。悪霊とか鬼神とかは、ヤーヴェに対する諸神の、謂わば総称として、のちの時代のユダヤ教徒がオリエントの動物神一般に比喩的にあてはめた派生の意味なのである。ところが、例えばアレクサンドリアのフィロン（Philon de Alexandrie c. 20/10 B. C. – c. 50A.D.）の時代ともなると、seirim に含まれる概念は、その本来の意味よりも比喩の方が肥大化し、重要視されるようになり、ついには比喩がひとり歩きしてしまう。その先駆的な例として、旧約聖書のエレミア書一六－一九・二〇がある。その中には預言者エレミア（Jeremia, c. 460 – c. 580 B. C.）が述べた言葉として、次のものが綴られている。

「主よ、わたしの力、わたしの砦／苦難が襲うときの逃れ場よ。／あなたのもとに／国々は地の果てから来て言うでしょう。／『我々の先祖が自分のものとしたのは／偽りで、空しく、無益なものであった。／人間が神を造れようか。／そのようなものが神であろうか』と[★22]」。（第二、つまり新共同訳による）

ここに出てくる「偽りで、空しく、無益なもの」をラテン語訳版旧約聖書で確認するとvere mendacium となっている[★23]。vere とは「真に」とか「実際通りに」の意味で、mendacium とは「虚偽」

הֶבֶל　(hebel)

とか「錯覚」の意味である。この箇所をさらにヘブライ語版旧約聖書において確認すると上記のとおりである。その意味は「空」「空しい」「無きもの」等であり、悪霊の住まう所ということでもある。ところが、このhebelなる語には、上述の一連の意味とは別に、もう一つ「偶像」という意味も備わっている。ゲゼニウスの『ヘブライ・アラム語（・ドイツ語）辞典』（一九一五年第七版の一九六二年復刻版）においてこのhebelの項目を引けば、そこには明確にGötzen（偶像）と記してある。★24 これに対しseirimの項にはZiege（山羊）とかHaarige（毛深いもの）というドイツ語が並んでいるだけである。★25 こうして族長時代の神は、「善なるもの・真なるもの」という元来の内実を削がれ、代わって、「空虚」とか「悪霊」とかへと変身《メタモルフェーゼ》させられたのであった。フォイエルバッハは、旧約聖書に登場してくる偶像崇拝とその意味に関して、以上の二重の構造をしかと把握していたのであった。そればかりではない。彼はユダヤ教から派生したキリスト教を、むしろ積極的に、神の言葉という偶像を信仰する「負の偶像崇拝」―ド＝ブロスでは「イドラトリ」―として非難し、反対に族長時代までの動物神崇拝ないし原アラビアの岩石信仰を「正の偶像崇拝」―ド＝ブロスでは「フェティシズム」―として弁護するという構えで、大々的に、生涯を通じてキリスト教批判を貫徹していくのであった（「正の」とか「負の」とかの表現は石塚による）。

第四節　Sache と Bild　――ルートヴィヒ・フォイエルバッハの宗教改革――

フォイエルバッハのキリスト教批判の根底には、したがって、この宗教にみられる、人間の対自然観があった。たとえ断片のものであれ個物であれ、自然それ自体を尊崇の対象とし、かつ、時にはこれと対等に向き合い、ことによったならその対象を打ち叩くことすら辞さない人びとを、フォイエルバッハは先史においてのみならず、彼と同時代の他の地域にも発見する。一九世紀中葉のヨーロッパで盛んとなった民族学的・人類学的研究に注目することで、フォイエルバッハはメキシコやオリノコ河畔、パタゴニア等の中南米先住民の崇拝する神がみを知り、北方のグリーンランドやラップランドの先住民に支えられる自然神を知った。ド＝ブロスにおくれること百年にして、フォイエルバッハは、自然と神との関係について、以下のように定義することになる。

「ただし現実においてはまさに逆に、自然は神よりもいっそう先に存在する。すなわち具体的なものは抽象的なものよりもいっそう先に存在し、感性的なものは思惟されたものよりもいっそう先に存在している。もっぱら自然的に事が進む現実においては、模写が原像に続き、形像（Bild）が事象（Sache）に続き、思惟が対象に続く。しかるに、神学の超自然的奇跡的な領域においては原像が模写に続き、事象が形像に続く[★26]」。

こう述べておいて、別の箇所ではキリスト教に関し、神の言葉は形像であると前提した上で、「もしも形像崇拝（Bilderdienst）が偶像崇拝（Götzendienst）であるならば、その時はキリスト教徒たちの、神に対する精神的な崇拝もまた偶像崇拝である[★27]」としている。

フォイエルバッハによれば、モーセ以前・族長時代までの原ヘブライ人やムハンマド以前の原アラビア人、それから非文明のままで一九世紀に至った諸大陸の原初的信仰者たちは事象を崇拝しているが、それ以外あたまの文明人、とりわけキリスト教徒は形像を崇拝しているということである。ところで、ここにいう事象とは、根原的には「自然」の謂である。またここにいう形像とは、自然の模写ないし比喩たる「神」の謂である。模写ないし比喩としての神は、ヘブライ語では hebel に相当するのであろう。これに対し自然そのものである神は、ヘブライ語では seirim であろう。

この二語をフォイエルバッハの文脈において換言すれば、hebel は Bild であり、seirim は Sache となる。ところで、hebel も seirim も、ギリシアやラテンの文化圏を潜りぬけると、そろって〝偶像〟となる。すなわち、ギリシア語では εἴδωλον（eidolon）、ラテン語では idolum となる。そのうちギリシア語の〝エイドーロン〟は、例えばランゲンシャイトの『古ギリシア・ドイツ語辞典』によれば、Abbild（模写）・Schattenbild（影像）・Traumbild（幻像）・Trugbild（錯覚）そして Götzenbild（偶像）のことだとされる。[★28] そのようなギリシア・ラテン文化を素材にして成立したヨーロッパ文化では、したがって hebel も seirim もともにイドルと訳され、ドイツ語ではゲッツェンの一語で表現されるに至ったのである。しかし、そこに二重の意味が含まれていることを、フォイエルバッハは一八四一年『キリスト教の本質』ではやくも見抜いて表明し、一八四五年『宗教の本質』、一八五一年『宗教の本質に関する講演』、そして一八五七年の大著『神統記』で学的に考察しきったのであった。

モーセ以前の原ヘブライ人の seirim 信仰やムハンマド以前の原アラビア人の岩石信仰のことを、フォイエルバッハは「我々の意味ではなんら宗教ではないもの」と定義し、「まさにそういうものが最初の宗教であり根原的な宗教である」[★29] としている。人間が自然と直接向き合い、人間が己れの中に自然の一部（seirim）をとり込むということは、フォイエルバッハにとって厳密な意味では宗教ではない。seirim

崇拝としての Götzendienst は宗教でなく、自然と人間とのあいだの対等な関係にして、儀礼を介しての交互的な運動を指している。

「自然はなんら始めも持たなければなんら終わりをも持っていない。自然におけるすべてのものは交互作用をなしており、すべてのものは相対的であり、すべてのものは同時に結果であり原因であり、自然におけるすべてのものは全面的であり相互的である[30]」。

フォイエルバッハがポジティヴな意味で弁護する偶像崇拝＝ seirim 崇拝は、実は人間と、人間の中にとり入れられた自然の一部との交互運動のことを意味していた。

とはいえ、ここに言う自然の一部は、それを信仰する者には神として出現し、そうであるからには「神である者、宗教的尊敬の対象であるものは、なんら事物（Ding）でなく、存在者（Wesen）である[31]」。原初的信仰者にとって自然がたんなる Ding でなく Wesen であるということの意味を私なりに敷衍して解釈すれば、原初的生活者が神に選びとる自然物は外的な物（Ding）でなく、内的な、人間の中に入った、人間の中の存在者（Wesen）なのである。ただし、「入る」とは、実体的な謂とはかぎらず、関係性の謂である。そのような意味での自然― Wesen となった Ding すなわち Sache ―を、近代人はまったく忘却しているのである。フォイエルバッハは言う。

「近代の抽象的な有神論の諸表象を、古代世界を測るための尺度にし、そしてさて最も根原的な諸表象、最も直接的な諸表象、最も子どもらしい諸表象を迷信的な誤謬と宣言することは、なんという恣意であることだろう！[★32]」

先史人のseirim信仰は下等な宗教で文明人の唯一神信仰は高等な宗教だという論理は、フォイエルバッハの採らないものである。むしろ反対に、形像崇拝としてのキリスト教は自然を人間以下に貶める〝転倒の論理〟だとする。「人間は諸事物の自然的秩序を転倒する。人間は最も本来的な意味で世界を頭で立たせる。人間はピラミッドの先端をピラミッドの土台にする[★33]」。フォイエルバッハの原初的信仰観をここまで述べてくれば、もはや読者には、このみかたがド＝ブロスのフェティシズム論と大きく重なり合っていることに気づくことであろう。フォイエルバッハにおける〔正の偶像崇拝〕はド＝ブロスにおけるフェティシズムと一致し、ともに族長時代までの古ヘブライではseirim信仰として存在したものである[★34]。これに対し、フォイエルバッハにおける〔負の偶像崇拝〕はド＝ブロスにおけるイドラトリと一致し、ともにモーセ以降のヘブライにあってhebel信仰として存在したものにして、ギリシア時代にあってはエイドーロン信仰、ラテン時代にあってはイドル信仰として存在したものである。かように、ド＝ブロスのみならずフォイエルバッハを検討した我々としては、やはり、古ヘブライにフェティシュ信仰が存在したとすべきなのである。

★註

1 Charles de Brosses, *Du Culte des Dieux fétiches, ou Parallèle de l'ancienne Religion de l'Égypte avec la Religion actuelle de Nigritie*, p. 15, 203.

2 金牛崇拝の「金牛」とは古代ユダヤの偶像で、この崇拝は拝金主義の代わりに用いられることもある。ド＝ブロスは、この金牛はかつてエジプトでフェティシュとして崇拝されていたもののユダヤ的模倣だとしている。ユダヤの民も、かつては牛をフェティシュとして崇めていたということを主張したいのである。

3 C. de Brosses, *ibid.*, pp. 97.

4 C. de Brosses, *ibid.*, pp. 97-98.

5 Eusebius, *ibid.*, p. 46.

6 *Biblia Sacra iuxta Vulgatam Clementinam*, Nava Editio, Biblia Vulgata, Biblioteca de Autores Cristianos, de La Editorial Catolica, S. A. Madrid 1977. Leviticus 17-7.

7 *Die Bibel*, Vollstandige Deutsche Ausgabe, Verlag Herder Freiburg im Breisgau 1965. Leviticus 17-7.

8 日本聖書協会版・旧約聖書、一九五五年改訳、レビ記一七‐七。本文にも記したように、日本語訳版の底本は、Rudolf Kittel (hg) *Biblia Hebraica Stutgartensia*, 1906. の一九三七年版および一九五一年版である。すなわち、日本語版は、底本としては直接ヘブライ語に依拠しているのである。

9 日本聖書協会版・聖書―旧約聖書続編つき、一九八九年新共同訳、レビ記一七‐七。この新共同訳も、上記キッテル編ヘブライ語版旧約聖書のいずれかの版を底本としている。

10 日本聖書協会版・旧約聖書、一九五五年改版、イザヤ書一三‐二一。

11 日本聖書協会版・聖書―旧約聖書続編つき、一九八九年新共同訳、イザヤ書一三‐二一。

12 *Biblia Sacra iuxta Vulgatam Clementiuam*, Isaias 13-21.

13 *Die Bibel*, Isaias 13-21.

14 ギリシア神話や旧約聖書に示されたアレゴリーの手法は、近世に至ってフランシス・ベーコンにより一つの全体的体系にまで仕上げられたが、その傾向に対し、松村武雄は以下のごとき論評を加えている。「切言すれば、新しい世紀の神話寓喩説は、古き時代のそれに比して、その解釈究明が面積に於てより大となり、密度に於てより精密化し、関係に於てより整序化したのであった。その意味から十六・七世紀の学説は紀元前のそれに比べて、より高次の神話寓喩説にまで昇華せられたということが出来る。しかしこの場合の高次化は、学的正確の獲得とは決して同意義ではない。いな『神話は寓喩である』という根本命題が既に一の誤謬であるが故に、先駆的にこうした観念を思惟の拠りどころとする解釈究明は、それが神話のより広い面積により精細に試みられれば試みられるほど、神話の真正の意義、職能から遠ざかって行き、従ってそうした解釈の結果が産み出す誤差そのものが、量に於て紀元前の素朴《ナイーブ》な神話寓喩説のそれより一層大きくなったばかりでなく、誤差の生ずる頻度に於ても遥かに之を凌ぐことになったのは、まことに悲しむべき皮肉でなくてはならぬ」。『神話学原論』下巻、培風館、一九四一年、五八二〜五八三頁。この議論にかかわる文献として、以下の著書を参照。石塚正英『母権・神話・儀礼―ドローメノン【神態的所作】』社会評論社、二〇一五年。

15 ファイファー、服部嘉明・鍋谷堯梢共訳『旧約の歴史』聖文舎、一九八五年、一〇二、一〇二五〜二六、一〇三〇頁。

16 L. Feuerbach, Vorlesungen über das Wesen der Religion, in *L. Feuerbach Gesammelte Werke*, Bd. 6, hg. v. W. Schuffenhauer, Akademie-Verlag, Berlin (Ost) 1984, S. 357. 舩山信一訳「宗教の本質にかんする講演」、『フォ

イエルバッハ全集』第一一巻、福村出版、一九七三年、三五五～三五六頁。フォイエルバッハからの引用については上記シュッフェンハウアー版全集そのほかのドイツ語文、および上記船山信一訳を参考にしている。以下同様。

17 ヘブライ人がかつて多くの神がみを崇拝していたと判断しうる、興味深い根拠として、松村武雄『神話学原論』上巻、培風館、一九四〇年、八四九頁の、以下の記述が挙げられる。「かくて神話の表現は、どうしても度の強い古風性を帯びざるを得ない。ヘブライ語の『旧約聖書』に於ける『神』の叙述の如きは、その好適例である。そこでは『神』の状態や行動が頗る古風な語辞や文体を以て描出されている。或る一派の学徒たちは、『神』が単数であるのに、これを描く動詞が複数形をとっている文法的破格さえも、『神』の威厳を表出するための古風性の誘導であると解している。吾人はこうした解釈には賛同しかねる。這般の文法的破格は、『神』の威厳のための意図的な手法であるよりは、ヘブライ人の宗教が一神教である以前に多神教であり、それを隠蔽せんがために、主辞を単数に改変しながら、併せてその動詞を単数に改変することを不覚にも遺忘したものであると解したい」。

18 L. Feuerbach, Das Wesen des Christentums, Reclam, Stuttgart 1974, S. 380f. 船山信一訳『キリスト教の本質』岩波文庫、下巻、一二八～一二九頁。

19 原ヘブライ人の神、すなわちヤーヴェになる以前のヤーヴェは、実は岩石であったとの説を唱えた宗教学者にG・アレンがいる「サウルが王に選ばれたのはミズパの石塚の傍であった。サウルがアンモン人への勝利の後『王国を新に』し『彼処にてヤーヴェのまえに献げ』たものもギルガルの大環列石であった。〔サムエル前書、一一‐一四、一五〕旧約聖書の此の箇所は甚だ有益且つ重要である。何故ならここで我々は、聖書記者の意見に由ると、少なくともヤーヴェがその当時にはギルガルの聖なる環列石を構成している幾つかの聖石の中に交って、その一員として存在していたことを、知るからである」。「ヘブライ人の神にして後代に至って純化され霊化されてキリスト教の神となったヤーヴェは、その起原においては、それが如何に彫刻されていようとも、畢竟イスラエル民族の祖先の聖石以外の何物でもなく、且つまた、恐らくは、これを煎じ詰めれば、或る古代のセム人の族長または首長を記念する為の加工されざる石柱以外の何物でもなかった、という自明なる推論、これは避け得ないものである」。「かくて既に見た如く、初期のヤーヴェ崇拝者にとってヤーヴェは櫃の中の聖石であった。ヤーヴェは眼に見える形でそこに存在し、櫃の行く所に共に行った」。G・アレン、篠田一人訳『神観念の進化』三笠書房、一九三九年、九二、九七、一六〇頁。一部を改訳している。この翻訳は随所に省略があり不完全である。よって以下の原書にあたっている。Grant Allen, *The Evolution of the Idea of God, An Inquiry into the Origins of Religions*, Watt & Co., London, 1911（1st ed. 1897）, pp.49-50. また、わがフェティシズム研究にとって重要と思われる第一五章（Chap.15, pp.115-125.）については拙訳を発表してある。グラント・アレン、石塚正英訳「供犠と聖餐」、社会思想史の窓刊行会編『社会思想史の窓』第一二四号（二〇〇〇年九月二〇日）。付録資料として本書に再録している。また、カール・カウツキーは、イスラエル人の「フェティシュ」について、次のように述べている。「イスラエル人の聖物は最初はフェティシュ以外のものではなかったらしい。すなわちヤコブが養父ラバンから盗んだ『偶像』（テラフィム）から、ヤーウェーを収めてある契約の櫃（Bundeslade, in der Jahve steckt）にいたるまで、ことごとくフェティシュなのであって、この櫃を正当な方法で所有するものは勝利と雨と富をさずかると考えられていた」。Karl Kautsky, *Der Ursprung des Christentums. Eine historische Untersuchung*, Berlin（West）1977, S. 199. 栗原佑訳『キリスト教の起源』法政大学出版局、一九七五年、二〇四頁。神が入った箱を聖視するところから箱崇拝が生じた例は日本にもある。松本信広は次のように述べている。「古代日本人にとって、箱は神聖な性質を持っておる。この中に神のみ魂をおさめて持ち運ぶのである。この種の箱は、女巫の生活に重要な役割を演じたものである。今もなお、死人の魂をよびかえす職務をつかさどる市子は、その守り神のひそむ箱をたずさえておる。一方において大きな神社にしばしば御櫛笥《みくしげ》が神宝として祀られておるのを発見する。そのほか例の浦島の物語のような民間説話に、箱をあけて所有主の破滅を招く筋を発見する。そのほか多くの神道伝説は、神の箱の中に示現したことを説いておる。神の御魂を箱に入れることがこういうすべての伝承の本源であるらしい」。松本信広『日本神話の研究』平凡社（東洋文庫）、一九八八年（初刷一九七一年）、九六頁。箱の中の神は、日本神話では御魂であるが、原ヘブライでは石であった。

20 L. Feuerbach, Das Wesen der Religion, in *L. Feuerbach Gesammelte Werke*, Bd. 10, Kleinere Schriften III（1846-1850）. S. 120. 船山信一訳「宗教の本質」、『フォイエルバッハ全集』第一一巻、一五七頁。

21 L. Feuerbach, *Das Wesen des Christentums*, S. 194. 船山信一訳『キリスト教の本質』上巻、二五二頁。

22 日本聖書協会版・聖書―旧約聖書続編つき、エレミア書一六―一九、二〇。

23 *Biblia Sacra iuxta Vulgatam Clementinam*, Ieremias 16-19, 20.

24 *Wilhelm Gesenius' Hebräisches und Aramäisches Handwörterbuch über das Alte Testament*, Springer, Berlin/Göttingen/Heiderberg, 1962, S. 173.

25 *ibid.*, S. 789.

26 L. Feuerbach, Das Wesen der Religion, in *L. Feuerbach Gesammelte Werke*, Bd. 10, S. 28. 船山信一訳「宗教の本質」、『フォイエルバッハ全集』第一一巻、三二～三三頁。

27 L. Feuerbach, Vorlesungen über das Wesen der Religion, in *L. Feuerbach Gesammelte Werke*, Bd. 6, S. 211. 船山信一訳「宗教の本質にかんする講演」、『フォイエルバッハ全集』第一二巻、一九七三年、一七一頁。

28 *Langenscheidts Taschenwörterbuch*, Altgriechisch, 1990. S. 137.

29 L. Feuerbach, Über 〝Das Wesen der Religion〟 in Beziehung auf 〝Feuerbach und die Philosophie. Ein Beitrag zur Kritik beider〟, von R〔udolf〕Haym, 1847. Ein Bruchtuck, in *L. Feuerbach Gesammelte Werke*, Bd. 10. S. 338. 舩山信一訳「ルドルフ・ハイムあての返答」、『フォイエルバッハ全集第一一巻、一七〇頁。

30 L. Feuerbach, Vorlesungen über das Wesen der Religion, in *L. Feuerbach Gesammelte Werke*, Bd. 6, S. 115. 舩山信一訳「宗教の本質にかんする講演」、『フォイエルバッハ全集』第一二巻、三七頁。

31 L. Feuerbach, *ibid.*, S. 62. 舩山信一訳、同上、二六一頁。

32 L. Feuerbach, Theogonie, in *L. Feuerbach Gesammelte Werke*, Bd. 7, S. 293. 舩山信一訳「神統記」、『フォイエルバッハ全集』第一四巻、一九七六年、一七三頁。

33 L. Feuerbach, Das Wesen der Religion, in *L. Feuerbach Gesammelte Werke*, Bd. 10. S. 55. 舩山信一訳「宗教の本質」、『フォイエルバッハ全集』第一一巻、六七頁。

34 参考までに、フォイエルバッハが「フェティシズム」という語を用いた箇所を引用しておこう。「あらゆる対象が人間によって神として、或いは同じことだが、敬虔に、崇拝されうるし、また実際にそうされている。この立場が、所謂フェティシズムである」。L. Feuerbach, Vorlesungen über das Wesen der Religion, in *L. Feuerbach Gesammelte Werke*, Bd. 6, S.201. 舩山信一訳「宗教の本質にかんする講演（下）」、『フォイエルバッハ全集』第一二巻、一五六頁。

また、フォイエルバッハのフェティシズム論に深くかかわる最新の拙稿を紹介する。石塚正英「人(one-self)と自然(another-self)のbe動詞連合」、『NPO法人頸城野郷土資料室学術研究部研究紀要』Vol.5/No.4, 2020/03/13.

第六章　フレイザー『金枝篇』に読まれるフェティシズム

第一節　呪術のフェティシズム　―ド＝ブロスに還れ―

アニミズムの主唱者であるイギリスの人類学者、E・B・タイラーの後継者ジェームズ・フレイザー（J. G. Frazer, 1854-1941）は、師匠と同様、霊魂（アニマ）によって原初的信仰・農耕儀礼を説明するのだが、それとは別に、彼が著した大作『金枝篇（*The Golden Bough, A Study in Magic and Religion*, 1890-1936.）』には、フェティシズムの特徴をよく示している事例がたくさん収録されている。また、フレイザー訳者の永橋卓介によれば、著者自身からして、「たとい理論が否定される時が来ても、本書は例証の宝庫として永久に残るだろうと、自信のほどを見せている」[★1]。そこで本節では、著者フレイザーの主要な研究テーマにはならないだろうけれども、ここでの我々の関心に即して、『金枝篇』中にフェティシズムの事例を発見するという作業を行なってみたい。なお、この作業は、現代の多くの比較宗教学・民俗学の研究者に対し、まず以って〔ド＝ブロスに還れ！〕と主張したい私の見地からすれば、本書の最重要な叙述の一つである。

フレイザーは、若い頃偶然タイラーの『原始文化（*Primitive Culture, Researches into the Development of Mythology, Philosophy, Religion, Art, and Custom*, London,1871.）』を読んだがため、のちに自らも『金枝篇』という

大著をものす程の人類学者、民俗学者にまで成長した。そのフレイザーは、世界各地の原初的信仰・農耕儀礼にあてはまる法則として、類感呪術（Homoeopathic Magic）或いは模倣呪術（Imitative Magic）と、いま一つ感染呪術（Contagious Magic）を考えた。この二種の法則について、フレイザーはこう説明している。「呪術の基礎をなしている思考の原理を分析すれば、それは次の二点に要約されるもののようである。第一、類似は類似を生む、或いは結果はその原因に似る。第二、かつて互いに接触していたものは、物理的な接触が断ち切られた後までも、なお空間を距てて相互作用を継続する。前者の原理を類似の法則（Law of Similarity）といい、後者を接触または感染の法則（Law of Contact or Contagion）ということができよう」。そしてこの二種の呪術は「総括的に共感呪術（Sympathetic Magic）という呼称で理解するのが便利であろう[★2]」。その際フレイザーは、先史社会や野生社会に存在した呪術は、それらがやがて文明社会に発展すると、科学にとって代えられるというように考える。「全体として、呪術から宗教を通して科学へ向かっているると結論せざるをえないようである[★3]」。フレイザーは、呪術が失敗して宗教が生まれ、その宗教を排除して科学が成立すると考えるのだが、私は、宗教にも呪術は不可欠であると考えるし、科学における技術は、呪術を合理化したもののように考える[★4]。ひるがえって、宗教成立以前の原始にも、呪術を不可欠とした精神運動、社会制度が存在したと考え、それをフェティシズムと考えるのである。そのような原始フェティシズム、野生フェティシズム、総じて呪術のフェティシズムの例を、フレイザーの『金枝篇』から幾つか引用する。その分量は、先述のサンコンアトン断章からの引用と同じく、重厚長大となる。引用文中のカッコ内は私の記述である。

第二節　『金枝篇』のフェティシズム　―the deities themselves―

「たとえば古代エジプトでは、呪術師は最高の神がみ（the highest gods）に対してすら自分の命令にしたがわしめる力を要求し、事実その命令にしたがわない場合は破滅（destruction）を以って神がみを脅迫したのである★5」。

「中国人は騒動によって天国を強奪することにかけては名人である。彼らは雨が欲しくなると、紙や木で以って雨の神（the rain-god）を表す巨龍を造り、行列をなしてそれを運びまわる。しかし、それでも雨が降らなければ、龍もどきは憎悪の言葉を浴びせられ★6、ずたずたに引き裂かれてしまう。それでもまだ神が雨をくれなければ、神を脅迫して打ち叩く時もある。またしばしば公けに、その位から引摺り落とすこともある。これに反して望み通りに雨を降らせてくれたなら、勅令を以って一段と神位が高められるのである★7」。

「フランスの各地には、雨を求める方法として聖者の像を水に浸す習慣があり、或いは近頃まで行なわれていた。例えば、ムーラン・アンジルベールの南西一―二マイルにあるコムマニーの古い修道院の傍にはジェルヴェの泉があって、その辺の住民は作物の必要に応じて雨や晴れを得んがため、行列をつくってそこへ行く。そして大旱魃には、泉がそこから噴き出している壁がんのような場所に安置してある聖者の古い石像を、泉の淵に投げ込んだのである。（中略）聖像を水浸しにして雨乞いをするのは、別にカトリック諸国の専売ではない。ミングレリアでは、雨の不足から作物が枯れかけると、ことのほか聖なる像を持ち出し、雨が降るまで毎日それを水に浸す。極東ではシャン人が、旱魃で稲が枯れかかると、仏像をざぶんと水に浸す。すべてこのような場合に行なわれる儀礼は、一見すると懲罰や脅迫によって覆い隠されているけれども、たぶん実際のところは（at bottom）共感呪法（a sympathetic charm）なのである[★8]」。（フェティシズムという語を知っていてもその内実を理解していないフレイザーが露わになっている——石塚）

「古代エジプトでは、穀物不作の廉で王が叱責されたが、それと同時に自然の運行を調節しなかったという廉で聖獣もその責任を問われた。長く厳しい旱魃の結果、この国にペスト性の病弊とその他の悲惨とが蔓延した場合、祭司たちは聖獣を夜のあいだ捕えて嚇すのであったが、それでもなお悪弊が衰えない場合は、それらを殺した[★9]」。（この記述はプルタルコスの『イシスとオシリス』から拾ったものだが、それと同一の箇所をド＝ブロスも拾い、フェティシズムの事例に挙げている。いわく「旱魃が——とプルタルコスは述べる——この国に夥しい悲惨とペスト性の病弊を蔓延させた場合、祭司たちは聖なる動物を夜のあいだに或る秘密の場所へ連れて来て、まず以ってそれに、きわめて酷烈な威嚇を告げる。それでも悪弊が止まらぬ場合は、黙ってその生命を奪い、かかることを或る悪霊に対する処罰と見做す[★10]」。——石塚）

「しかし、オシリスは穀物霊であるに止まらなかった。彼は樹木霊でもあった。そして、宗教の歴史において樹木崇拝は当然穀物崇拝よりも古いところから、おそらくはこれが彼の原初的性格であったのだろう[★11]」。

「或る神を動物のかたちにおいて殺す慣習については、やがて後段で詳細に検討することになるが、この慣習はきわめて早期の文化段階に属し、後代に至ってはしばしば誤解されがちのままできた。思想の進歩は、古い動物神や植物神から動物的な衣裳や植物的な衣裳を剝ぎ取り、最後的で唯一の残滓として人間的属性（つねに観念の核心であるもの――フレイザー）を残す傾向がある。それらの神がみが完全に、或いは殆どそうなった時にも、最初その神それ自体（the deities themselves）であった動物や植物は、それらのものから発展して来たところの神人同形同性的な神がみに対して、なおも不明瞭で誤解された関係を保つのである。神と動物或いは植物のあいだの関係の起原が忘却された結果としては、その説明のために種々の説話が考案されるようになる[★12]」。

「或る神が或る特定の動物を食う者と表現されているところではどこでも、当該の動物は元来その神自身にほかならなかったと推測してよかろう[★13]」。（私が付けた傍点の二箇所「神それ自体」「神自身」をみよ、なんとこれはフレイザー流のド＝ブロス的フェティシズム再論である。――石塚）

「次に穀物女神デーメーテールに移るが、ヨーロッパの民俗において一般に豚が穀物霊の化身であることを考え合わせる時、デーメーテールときわめて密接な関係にあった豚は本来動物のかたちをとった女神自身ではなかったろうか、と問うことができよう。豚はこの女神について神聖であった。（中略）しかし我々がすでに見たように、或る動物が神であると考えられるようになったのち、或いは或る神が動物であると考えられるようになったのち、神がその動物のかたちを脱皮して全き人間のかたちをとることは、しばしば起こるところである。そして次に、はじめ神の性格において屠殺されていた動物が、その神に対して敵意を抱いているという見地から、その神に供えられる生贄と見做されるようになるのである[14]」。（この一節は、動物の、フェティシュからイドルへの転化を前提とした内容なのだが、フレイザーにはこの現象の真意が把捉されていない。──石塚）

「さらにテスモポリア（デーメーテール祭における一儀礼）にあたって、女たちが豚肉を食べたらしいことは注目に価する。もし私の考えが正しいとすれば、この食事は厳粛な聖式、すなわちコミュニオン、つまり礼拝者たちが神の身体を共同で食べることであったに違いないのである[15]」。（新約聖書に記されている、パンと葡萄酒のかたちでイエスの血肉を食する「最後の晩餐」に注目せよ。──石塚）

「テーベの神アモンを崇拝したテーベ人および他のすべてのエジプト人は、牡羊を神聖なものと見做し、それを犠牲にしようとはしなかった。しかし毎年一度アモンの祭にあたっては牡羊を屠殺して皮を剝ぎ、その神の像（the image of the god）にこれをまとわせた。そして牡羊の死を悼んで、それを神聖な場所に埋葬した。この慣習はゼウスが羊の皮をまとい牡羊の頭をつけて（変装して）ヘラクレスにまみえたという物語によって説明された。もちろんこの場合、牡羊はたんにテーベの獣神にすぎず、これは狼がリコポリスの獣神であり、山羊がメンデスの獣神であったのと同じことである。換言すれば、牡羊はアモンそれ自身だったということである。（中略）それゆえ牡羊はアモンへの供犠物としてでなく、神それ自身として屠殺されたのであって、神と獣との同一性（identity）は、殺された牡羊の皮を神像にまとわせる慣習によって明らかに示されている[16]」。（テーべの獣神である牡羊は、ド＝ブロスの見地では明白にフェティシュ＝神それ自身である。ただし獣神屠殺の元来の意味がはたして〝攻撃〟と〝崇拝〟の交互を示しているのかどうかは、この説明だけでは判断しかねる。――石塚）

「テーベの祭儀中の一点―神像に獣皮をまとわせること―は、特別の注意に価するものである。もしこの神が元来は生きた牡羊であったのなら、それを像で表現するということは後代に発生したのに違いない。しかし、それはどのようにして発生したものか。（中略）神を表象する剝製の皮が、木や石や金属でつくった恒久的な像に取って代えられた時、この恒久的な像は、毎年屠殺された動物の剝ぎたての皮で覆われることになったのである。この段階に到達すれば、牡羊を屠殺する慣習は自然この像への供犠と解釈されるようになり、アモンとかヘラクレスの説話のごとき作り話で説明されることになったのである★17」。（ここではテーベの牡羊信仰がフェティシズムからイドラトリへと変質していく過程が見事に描写されている。――石塚）

「例えば、カムチャッカ半島人の場合は、まず動物の赦しをもとめた上で、悪く思ってくれぬよう乞い願ってからでなくては、陸のものであれ海のものであれ動物をけっして殺さないという掟であった。（中略）オスチャク人は熊狩りをしてそれを仕止めると、首を切り取って樹に吊す。そしてその周りに輪になって集い、厳粛な祈りを捧げる。悲嘆の言葉を発しながら『おまえを殺したのはだれだ。それはロシア人だ。おまえの首をはねたのはだれだ。それはロシア人の斧だ。おまえの皮を剝いだのはだれだ。ロシア人のつくった小刀だ』と言いつつ、胴体の方へ走り寄る★18」。（この記述は、ド＝ブロスがフェティシズムの一事例として引いたところである。「そればかりかサモエード人は、猛獣を一種のフェティシズムに結びつけているらしくさえある。そのことでもし彼らがかかる猛獣を殺してしまった場合には、不吉な事態を招くのを恐れた。少なくともその猛獣から毛皮を剝ぐ前に、大まじめになって、この悪事がその獣にふりかかった原因はただロシア人だけにあると誓言し（なぜなら、この民族はこれらにとって恐怖であったから—ド＝ブロス）、またその獣はロシアの刃物で解体する、したがって復讐があるならロシア人に対してだけ、そうされねばならないと誓言した」。[★19]—石塚）

第三節　フレイザーの不実　—タイラー学説でフェティシズムを解釈—

フレイザーの『金枝篇』については、その決定版（石塚正英監修・神成利男訳『金枝篇——呪術と宗教の研究』全一〇巻＋別巻、国書刊行会、二〇〇四年〜）を探れば、これはフェティシズムだと推断しうる事例がまだたくさん散見される。今回は簡約版（永橋卓介訳『金枝篇』岩波文庫、全五冊）の範囲に限定して、主だったものだけを採取してみた。それによって明白となったことは、第一、フレイザーはド＝ブロス『フェティシュ諸神の崇拝』を自らは一度も読まなかったこと、第二、フレイザーは、ド＝ブロスならばフェティシズムの事例に数えるものをおしなべて霊魂（アニマ）で説明できると考えたこと、第三、フレイザーは、フェティシュという術語を用いはするが、それを悉くイドルないし依代《よりしろ》と解していること、以上である。『金枝篇』決定版の第八部（第一二分冊）『文献目録と総索引』に、ド＝ブロスの名は記されていない。

むろん、『フェティシュ諸神の崇拝』も記されていない。索引でFetishないしFetishismを引くと、わずかに以下の項目が記されているのに気づく。Fetish or taboo rajah in Timor（第二部・第三分冊、二四頁）、the great fetish in West Africa（第六部、・第一一分冊、二五六頁）、Fetish kings in West Africa（第二部・第三分冊、二二一頁以下）、Fetishes cursed in drought（第一部・第一分冊、二九七頁）、Fetishism early in human history（第四部・第六分冊、四三頁）。ただし、フレイザー自身が作成したのであろうこの総索引は、さして厳密詳細ではない。本文を読むと、そのほかの箇所にもfetishという語は出ているのである。例えば次のように記されている。「一八二四年、アシャンティー人によってチャールズ・マッカーシー卿が殺された時、彼の心臓は勇気を鼓舞しようと欲したアシャンティー軍首長たちによってむさぼり食われてしまった。彼の肉は乾燥して、同じ目的で下級士官たちに分け与えられ、その骨は国民的フェティシュとして永くクーマッシーに保存された[★20]」。このような文脈にフェティシュなる術語を用いるところをみると、フレイザーはまったくド＝ブロスを読み知らないのであろう。なるほど、フェティシュという術語はド＝ブロスの専売品でなく、一七世紀以降多くの旅行家・探検家・民族学者によって用いられてきたのだから、必ずしもド＝ブロス的な意味で用いなくとも—つまりフェティシュとイドルとを混同しても—よいといえる。しかし、フレイザーがド＝ブロスの概念を知らないことだけはたしかである。それからまた、簡約版では省略されているものの、『金枝篇』には少なくとも一箇所fetishismなる術語が用いられている。この述語はfetishと違って、ド＝ブロスが自著で明確に概念規定を行なったものである。よって、この語だけは一つの概念に限定して用いなければならない。にもかかわらずフレイザーは、この語に対しても反ド＝ブロス的解釈を持ち込むのである。すなわち、不実をおかすのである。いわく、

「宗教の比較研究は、これらのプルタルコス理論が心理の転倒であることを明白にしてきた。フェティシズム、すなわち、大地の産物および事物一般は神聖にして、力強い精霊によって生命を吹き込まれる（animated by powerful spirits）との見方は、プルタルコスが想像したように神のことを創造者、万物を与えた者と見做す純粋な一神教がまず原初に存在し、それが後代に堕落したものというものではない。むしろ反対に、フェティシズムの方こそ人類史上初期のもので、一神教は後代のものである」[21]（傍点は石塚）。

フレイザーは、アニミズムの理論家タイラーの弟子であって、けっしてド＝ブロスの弟子ではないことを、ここで明白に語っている。フェティシュに浮遊するアニマを認めるタイラーと、フェティシュにおいて物自体とアニマ的な霊の分離は見られないとするド＝ブロスとの相違は決定的である。タイラーのアニミズム説に依拠するならば、本節で『金枝篇』から引用した多くの信仰事例は、悉くアニマの運動を証明するものとして活用されることになる。しかし、私はド＝ブロスの見地に立つものであり、むしろタイラー、フレイザーの立場を、an inversion of the truth（ありのままの反転）と見做すものである。そのような立脚点の明確化をはかった上でならば、フレイザーの『金枝篇』はフェティシズム研究のための事例の宝庫と言いうるのである。

とはいえ、フレイザーは、無意識ながらきわめてド＝ブロス的な先史信仰観、自然信仰観を吐露している[22]。例えば、「超自然的存在などというものは、先史野生人にとっては、仮にそんなものが存在するとしても、人間に優るものとは考えられていない。それはこちらから威嚇され脅迫されて、その意志を行なうようになるからである」[★23]。したがって、フレイザーを研究することは、或る意味では―すなわち彼の意志に反しての意味では―フレイザーのアニマ理論を確定するためにも不可欠な作業なのである。

★註

1　永橋卓介、フレイザー『金枝篇』解説、『金枝篇』岩波文庫、第五分冊、一五四頁。

2　J. G. Frazer, *The Golden Bough, A Study in Magic and Religion*, Part I the Magic Art, Vol. I, p. 52, 54. 永橋卓介訳『金枝篇』第一分冊、五七、五九頁。フレイザーの本書について私は、以下の決定版を監修している。神成利男訳・石塚正英監修『金枝篇――呪術と宗教の研究』全一〇巻＋別巻、国書刊行会、二〇〇四年～（二〇二〇年四月段階で第八巻を校正中）。ただし、ここでは我が国で一般に参照しやすい岩波文庫版（永橋卓介訳）の引用頁数を記している。以下同様。

3　J. G. Frazer, *Ibid.*, Part VII, Balder The Beautiful, Vol. II, p. 304. 邦訳、第五分冊、一三八頁。

4　呪術の概念についてはフレイザーにしたがっていると自称するマリノフスキーは、呪術について次のように記している。「呪術とは、伝統的に伝えられた人間の力であり、人間自身がつくりだしたものや人間によって生みだされたもの、ないしは人間の活動にたいする自然の反応などにたいして働きかけるものだ、ということができよう」。マリノフスキー、寺田和夫・増田義郎訳「西太平洋の遠洋航海者」、『世界の名著五九』中央公論社、一九六七年、三〇一頁。この引用文中の「人間」を「社会」という語に変えれば、上記の定義は宗教に対するデュルケムの定義となる。マリノフスキーは、フレイザーにしたがっているというよりも、むしろデュルケムにしたがっているのである。また、フランツ・シュタイナーは、フレイザーの呪術理論を次のように批判している。「フレイザーはタブー及びタブーの理論についての観念を彼の呪術の理論―これは呪術と科学との類比を前提としたものであった―にはめこもうとした。この類比は呪術と科学との間は明確な区別がつけられることを前提としているが、ひじょうに疑わしい仮定である。それはまた変化を通しての進化の過程―すなわち知的な呪術から科学へという―を前提にしている」。井上兼行訳

『タブー』、せりか書房、一九七〇年、一七九頁。

5 J. G. Frazer, *Ibid.*, Part I, Vol.I, p. 225. 邦訳、第一分冊、一三二頁。

6 神がみに悪口憎言を吐く例はフェティシズムの一特徴を示すが、このような儀礼は、アーリア人侵入以前の先史インドにもあったらしい。「リグ・ヴェーダ神話のうちには、アーリヤ人が神々の助けをうけて悪魔（Dasyu）を退治したということが、しばしば伝えられている。これらの悪魔は祭式をもたず（akarman）、犠牲を行なわれず（ayajyu, ayajvan）、奇異な警戒をたもち（anyavrata）、神々を罵る（devapîyu）などといわれ、かれらの宗教がアーリヤ人のそれと異なっていたことを示している。インドラ神はこの悪魔を退治する（dâsahatyâ）。かれらはどもった言葉を語る（mrdhravâc）」。中村元『インド古代史』春秋社、一九六八年、上巻、三八頁。ここに記された「悪魔」はドラヴィダ人の神がみであり、樹木、蛇などがその対象である。フェティシュ神の特徴がよく示されている。また、このインドにおける生物崇拝はシヴァ神崇拝の中に摂取されて高等宗教と習合した。その一つ、ガンジス河の鰐神クンビーラは日本列島にまで伝わって、四国讃岐の金毘羅信仰となった。中村元、同上、四一～四二頁参照。

7 J. G. Frazer, *Ibid.*, Part I, Vol.I, p. 297. 邦訳、第一分冊、一七二頁。

8 *Ibid.*, PartI, Vol.I, pp. 307-308. 邦訳、第一分冊、一七七～一七八頁。

9 *Ibid.*, PartI, Vol.I, p. 354. 邦訳、第一分冊、一九七頁。

10 C. de Brosses, *Ibid.*, p. 102.

11 J. G. Frazer, *Ibid.*, Part IV, Adonis, Attis, Osiris, Vol. II, p. 107. 邦訳、第三分冊、一一三頁。

12 *Ibid.*, Part V. Spirits of the Corn and of the Wild, Vol.I, P. 22. 邦訳、第三分冊、一三五頁。

13 *Ibid.*, Part V, Vol.I, p. 23. 邦訳、第三分冊、一三六頁。

14 *Ibid.*, Part V, Vol.II, p. 16. 邦訳、第三分冊、二八一頁。
15 *Ibid.*, Part V, Vol.II, pp. 19-20. 邦訳、第三分冊、二八三頁。
16 *Ibid.*, Part V, Vol.II, pp. 172-173. 邦訳、第四分冊、四五頁。
17 *Ibid.* Part V, Vol.II, pp.173-174. 邦訳、第四分冊、四六頁。
18 *Ibid.*, Part V, Vol.II, p. 222. 邦訳、第四分冊、八一〜八二頁。
19 C. de Brosses, *Ibid.*, pp. 61-62.
20 J. G. Frazer, *Ibid.*, Part V, Vol.II, p. 149. 邦訳、第四分冊、三九頁。
21 *Ibid.*, Part IV, Vol.II, p. 43. ところで、タイラー『原始文化』から、彼のフェティシズム無理解を示す箇所を引用する。「つまりフェティシズムとは、なんらかの物質的対象に、霊が宿ったり、憑依したり、影響力を及ぼしたりすることについての原理というべきなのである」。エドワード・タイラー著、松村一男監修『原始文化』下巻、国書刊行会、二〇一九年、一六〇頁。Edward Burnett Tylor, *Primitive Culture: Researches into the Development of Mythology, Philosophy, Religion, Art, and Custom*, Volume 2. London: John Murray. 1871., p.133.
22 なるほど、人形による呪詛のごとき、神がみが直接介在しないようなまったくの類感呪術に関しては、私はフレイザーの説明にことさら異を唱えるつもりはない。しかし、彼が少しでも神がみに関連した儀礼―それがドローメノンであれレゴメノンであれ―を語りだすや、呪術は信仰＝儀礼の補助に徹していることが明白となるのである。呪術は信仰を支える謂わば技術なのであって、ギリシア語の τέχνη（テヒネー）のごときものなのである。
23 J. G. Frazer, Part I, Vol.I, p. 373. 邦訳、第一分冊、二〇四頁。

【付録資料】

■

供犠と聖餐

グラント・アレン（石塚正英・訳）

❖訳者はしがき――解説

原著者のグラント・アレン（Grant Allen,1848 - 1899）は、カナダ生まれのイギリス人で、一九世紀後半から二〇世紀前半の欧米思想界で一世を風靡した進化論ないし社会進化論の支持者である。イギリスの生物学者ダーウィン、アメリカの人類学者モーガン、イギリスの社会学者スペンサーらと同様、アレンは、人類とその社会は時に行きつ戻りつしながらも、長期にわたって時代を鳥瞰すればたえず進歩してきたと考える。なるほど彼は、人類とその社会の単一起源説や複数発生説などのどれか一つに立脚してはいないものの、大枠では後代は前代よりも優れていると結論づけるのである。

その際アレンは、人類とその社会の始原を、他の進化論者と違って、先史の限りなく古い時期に設定する。例えばイギリスの人類学者タイラーは、人類社会の始原に肉体と切り離された霊魂の存在を前提とするアニミズムの時代をもってくるのだが、アレンはそのような霊肉二分以前の特徴を示すカニバリズム（人肉共食）の時代をもってくるのである。聖なるものは霊的でなく肉体的であり、信徒はそれを直接食べることで自らも聖なるものに一致する。アレンは、人類とその社会の始原に無宗教の状態をおいたのである。そのアレンの学説は、私の研究するフェティシズムにきわめて有意義な素材を提供してくれる。

朝日新聞（二〇〇〇年五月二七日朝刊）で次の記事を読んだ。フィリピン中部のシキホル島ではカトリックと土着信仰が融合して独特の「魔法」が流行しているが、その魔法の妙薬にはキリスト像のかけらまで入れる。神霊治療家たちの中には、「強力な妙薬を」と、キスをするふりをして木造のキリスト像の足を噛み切る。非キリスト教徒には、キリストとても神々のうちの一つにすぎず、さりとて神であることに変わりはないため、自分たちの流儀にしたがって、これをかじったり呑み込んだりするのであった。

このように神々を信徒たちが食べてしまう儀礼は、新約聖書にも記されている。「私の肉を食べ、私の血を飲む者は、いつも私の内におり、私もまたいつもその人の内にいる」（ヨハネ六‐五六）。また、初期キリスト教徒が礼拝にもちいた地下墓地や洞穴カタコンベは、彼らが霊以上に死体＝肉体を信仰＝愛好するのに最適だったことを物語る。ナポリなどに行けば、カトリック教徒は今でもミイラやシャレコーベを教会内において聖なるものとみなしているのが観察できる。

私は進化論にも社会進化論にも与しない。今でも物体、形像としてのミイラやシャレコーベを崇拝するナポリの民衆を野蛮とは思わない。霊肉二元論を否定するフェティシズムの見地からすれば、そうした心理や習慣は永続するのである。人類は人類になったときからフェティシュに生きているのである。先史においては、地域によっては、人が人を食べた。その理由は、人の形で存在する自然が彼らの神であったからである。彼らにとって、神と自然と人は交互的に循環していた。相互に入れ替え可能なのであった。その際、入れ替え方法の一つが食べるという行為なのであった。

では、現代人の我々は、いったいどのような神を食べているだろうか。現代人はカニバリズムを野蛮だとみなして非難し、赤裸々には人肉を食べていない。西欧的な近代を受け入れた地域では、神と自然と人間とが交互的な存在であることを忘却した上で、ダイレクトに自然を食物にしている。しかし、それが神を食する行為であることを、今になって環境倫理学の立場に照らしてして思い知らされたのである。我々は、ここでいま一度、カニバリズムを正面から見据えなくてはならない。口から直接入れなくても、脳死・臓器移植というかたちで、人びとはいま他人の肉体をダイレクトに摂取し出した。他人によって生かされるという事態がこれほどにまで直接性を帯びた時代は、いまだかつてない。その意味からしても、ここでアレンの実証的カニバリズム論を再読しておく価値はあろう。その上でさらにこの問題に関して考察を深めたい場合は、次の文献が参考になる。石塚正英・やすいゆたか『フェティシズム論のブティック』論創社、一九九八年。やすいゆたか『キリスト教とカニバリズム』三一書房、一九九九年。

以下は、グラント・アレン著『神観念の進化』第一五章の翻訳である。戦中に一度全体の翻訳（篠田一人訳、三笠書房、一九三九年）がでたが、それは随所に省略があり、この第一五章も半分以上は省かれている。一五章に限っては、今回が完訳になる。底本はGrant Allen, *The Evolution of the Idea of God, An Inquiry into the Origins of Religions*, Watt & Co., London, 1911（1st ed. 1897）, Chap.15, pp.115～125. である。畏友の柴田隆行を介して、東洋大学付属図書館の蔵書を利用させていただいた。関係者に感謝する。また、アレンは随所でイギリスの民俗学者フレイザーの大著『金枝篇』J.G.Frazer, *The Golden Bough, A Study in Magic and Religion*, Macmillan,1990（1st ed. 1890 - 1936.）から引用しているので、当該箇所の判明したものはその引用頁・参照頁を〔　〕（訳者の挿入）に入れて注記しておく。例えば〔Frazer,vol.8,p.145〕とは、当該箇所がフレイザー著作の第八巻一四五頁にあることを示す。〔Frazer,vol.11,p.80,n3.〕とは、当該箇所がフレイザー著作の第一一巻八〇頁註三にあることを示す。そのほか、訳者が読者のために補った文章も〔　〕に入れておく。

＊　＊

第一五章　供犠と聖餐

我々はいまや、ユダヤ教、キリスト教、その他多くの宗教の本質においてその基礎となっている、供犠と聖餐という興味深い諸観念をさらに十分に理解しうる点に到達している。

〔（一）二種の供犠〕

ゴルトン氏の話によると、彼が〔西アフリカの〕ダマラ人（Damara）の土地を旅行したとき、人びとは食用肉をすべて共同所有にしていた。供犠と祝祭のときを除いて、牡牛を殺すことはしない。そして、祭礼で牡牛が殺されるときは、共同体の全成員が無差別にそれを食べて楽しんだ。これは原初的な牧畜民にほとんど一般的な感情の、ほんの一例である。畜牛その他の家畜は神聖と見なされているから、殺されるのは稀れである。殺されるに際しては、社会的で実際的な儀礼を施して――つまり聖餐的に――食べられる。これほど周知の原則には実例など挙げるに及ばない。ただ、ロバートソン・スミス博士がある特殊な種族に言及しているところを引用するにとどめよう。「初期のセム諸族のあいだでは、一般に、供犠を除いて屠殺は合法と認められなかった」。

野生の牧畜民にとって、実際、肉類を日常食の品目にしている人びとなどまず想像できなかった。ゴルトン氏は、ダマラ人にはこの観念が未知であることを発見した。原初的な牧畜諸種族は、家畜を主に搾乳や荷物運搬のために、あるいは衣類用のむく毛や毛髪を得るために飼育した。彼らは神々がその共食者であるような祭礼を除いて、滅多に家畜を殺さない。もともと家畜は、実際、その後の成り行きから暗示されるように、トーテムないし祖先神として飼育されていたらしく思われる。羊や山羊、牡牛の肉を食べる習慣は、主として、初期の風習である聖なる人間の犠牲にかえて聖なる動物の犠牲を身代わりに捧げるところから発生した。現代の肉屋というのは、人間から動物へと軽減された聖餐のカニバリズムにその起原を有しているのである。

供犠は、それをたんに神々への供物と見なすならば、二つのあい異なる起原を有すると思われる。その最も初期で素朴で自然的な形式は、本書ですでに跡付けてきたものであり——飲食用の品目を少々、祖先や王、または敬意を払われる同族仲間の墓前に供えることである。本書ですでに見てきたように、死者は死骸、ミイラ、埋葬された友人の霊魂、あるいは火葬された族長のエーテル状の精霊などのいずれかとして、それを飲食すると太古以来信じられてきた。

しかしこれとはいま一つ別様の聖餐がある。それは墓前の供物に重ね合わされ、それと幾分同一視される傾向にあるが、しかし、もし私の考えが正しいならば、前三章においてかなり詳しく述べた神々の人為的産出という、起原をまったく異にするものである。新たな神または守護霊を産出するために殺された人間または動物の犠牲は、時の経過とともに、死せる神々へのたんなる崇敬の供物といういっそう古い型のものと、思想の上では同化されてきた。かくして発生するのは神秘的な神観念であって、それは自身を自身に対して供犠する。その最終的で最も神秘的な結果は、カトリックのミサという聖餐である。このようにして、元来は家や種族の神、あるいは都市や村の神をつくるために殺されていた礎神たち（the foundation - gods）は、ついには大地女神（Earth Goddess）や大地精霊（Earth Demons）に捧げられる犠牲と見なされるに至った。このようにして、元来は穀物の神や穀物の精霊をつくるために殺されていたメリア（Meriahs）とかその他の農耕上の犠牲もまた、ついには大地への供犠、あるいはディオニュソスやアティス、アドニスなど幾分とも抽象的な神々に捧げられる犠牲と見なされるようになった。そして少なくとも最後の場合には神と犠牲とは同じ名称で呼ばれ、一体と見なされるから、ついには多くの国において、また南北両半球において、とりわけ地中海東部沿岸地域において発達し、贖罪において神が自身を自身の供犠にするという神秘的理論となり、それはキリスト教「救世観」の基礎を形成した。ロバートソン・スミス教授の労作にして特段に価値の高い分析で主要に考察されたのは、思うに、供犠のこの派生的な二次的形態の方である。

供犠のこの二次的形態——それを以下において簡単に神秘的と略記する——は、世界の大半で、また南北両半球に見いだされる。このことから当然ながら、その形態は単一で共通の起源を有し、人類が両半球に分散する以前に由来するものなのか、それともそれは多くの国々で多くの種族により数次にわたって独立に進化したものなのか、という疑問が生じてくる。私としては、この難問に対する型にはまった解答など持ち合わせていないし、実際、それが真に重要な問いであるとも見なさない。一方では、もし原初的な中心地があるとして、人類はそこから分散する以前にある種の比較的高級な思想ないし技巧を共通に所有していたと仮定していい多くの理由がある。他方、心理学者たちは、人類の精神は全世界を通じて与えられたそれぞれの環境において驚くほど類似して活動し、エジプトやメキシコ、中国やペルーなど多くの種族において同一の諸段階を独立に経過してきたことを熟知している。そうであるから、これらの神秘的供儀の複雑な諸概念が隔たった国々の間で別個の起源を有するという考えも本来的にありえないものではない、とわかる。メキシコのアズテク人においては、供犠を捧げる聖職者、彼が殺す犠牲、その犠牲を奉献する対象の像すなわち大神、そのすべてが同一視されていたのは、紛れもない事実である。殺す者と殺される者、殺害で敬意を表される存在はすべて、単一不可視の神格であった。細かい点で見れば、聖職者が犠牲の皮を身に着けたというのも、多くの国々に共通である。それらはおそらく、はるか昔の人類祖先からの遺産であるか、さもなくば同一の状況下で似たように活動する人類が造り出した別個の産物のいずれかであろう。

［(二) 神を食べる］

私はさらに、我々が今日知っている宗教はけっして原初からのものでない、ということを予め述べておかねばならない。今日見受けられる最も野生的な信条も、原初からなお幾十万年を経たものである。エジプトやアッシリアの宗教のような、今日に記録が伝わる最古の宗教も、原初の起原からはなおすでに幾十万年を隔てていた。耕作そのものは、はなはだ古い先史から存続する技術である。通常狩猟段階にあると記述される人びとにおいてさえ、種蒔きや耕作の何らか単純な形式についてまったく知らない野生人はまずいない。現在それらの技術に無知な、ごく稀な人々は、原初的な民族なのではなくむしろ退化してしまったのだという明白な兆候を示している。私自身の信念ないし憶測によると、前二章に詳論された農業と密接に関連している一連の習慣から生まれた諸観念は、農業について今日ほんの少ししか、あるいは全く知らない粗野な種族を含むほとんどすべての人類の生活と思考に深く影響を及ぼしている。初期の牧畜種族は、重大な機会を除いて、滅多に獣を殺さない。殺したときはそれを共同でむさぼるように食べ、種族全体が祝祭に招かれる。しかし、彼らは神々とともに食事をしているのでもある。大規模な祝宴はいずれも本質的に神々の接遇（Theoxenion）すなわち神々の饗宴（Lectisernium）であり、神々が人間と会食する宴会である。明らかに、神々と人間とのこの会食の意識から、聖餐の共食という複雑な観念へ向けて最初の一歩が踏み出され——その観念はのちの段階では崇拝者が現実の神の肉を食べ血を飲むという概念を付加しつつ、さらに発展した。

私自身の信ずるところでは、神を食べるという特徴をもつこの供犠的祝祭すべての起原は、まずもって実際のカニバリズムにあり、のちになってその食人習に動物の犠牲がとって代えられるようになったのである。しかし、私はこの点に固執したりしないし、厳密に言えば、その証明を試みようとは思わない。それはほとんど、深い基礎に支えられた憶測以上のものではない。にもかかわらず私は、便宜上、供犠についてカニバリズムの種類から始め、そのあと、多くの場合人間の供物にとって代わったと考えられている、こちらは馴染み深い羊や牡牛の屠殺に進みたい。

メキシコの風習に関するアコスタの記述は、おそらく、まったく粗野な状態にあるカニバリズムの神秘的供犠の儀礼に関して、我々が現在もちうる最良の事例であろう。この独特の風格のある老著述家は述べる。「彼らは手当たり次第に捕虜を捕らえ、これを偶像に供えるに先立って、この捕虜が捧げられることになる偶像の名を彼に与え、神と同じ装飾品を着せ、神と同一視する。その期間は祝祭によって一年とか六ヶ月かそこら続くが、その間中彼らはその捕虜を偶像に処するのと同じ仕方で敬い崇拝する。その間、彼には飲み食いし、楽しく過ごすことが許される。彼が街中を通れば、人びとは拝みに出て来て喜捨をなし、癒しと祝福を授けてもらおうと子どもや病人を連れ出す。逃亡できないよう一〇人から一二人に取り囲まれているほか、彼は好き勝手なことをする。街中を通るとき、彼は時々小さな笛を吹いては礼拝の時を告げる。祭日が近づき、そして彼が肥太ってくると、人びとは彼を殺して開き、神聖な供犠を施してから食べるのだった」。ここに記された十分信頼に足る言葉の中に、剥出しの赤裸々な状態における素朴なカニバリズムが見られる。

この記述がいかにメリア（Meriah）に関する［インドの］コンド人（Khond）の慣習を想起させるものかは、まずもって指摘するにおよばない。犠牲は実際のところ王の血筋でないが、人為的に神聖な王に仕立てられる。彼は王の尊厳と神の荘厳でもって待遇され、彼に一致する神の装束で着飾られ、そして最後に殺されて食べられるのだった。最後の点のみ、メリアの場合とかなり相違している。そこでさらに問うてみなければならない、「彼らはなぜ生贄を食べるのか」と。

この問いへの返答は、聖餐概念の真の核心へと我々を至らしめることになる。

何かある特別の動物を食べると当該動物の性質が食べた人に備わるというのは、原初的な信仰（early belief）にはありふれている。インド南部［フレイザー著作のindexによるとアッサム地方］のミリ人（Miris）は、食用にトラを捕獲するが、トラの肉は男たちに力と勇気とを授ける。しかし女たちはそれを食べてはいけない。「女たちをあまりに勝気にするから」である。ナマクア人（Namaquas）は野ウサギを食べるのを避ける。もしそれを飲み込むと、臆病になる。けれども、力と勇気を獲得するためにライオンの肉は食べヒョウの血は飲む。［ボルネオ西北部の］ダヤク人（Dyaks）の若者や戦士たちはシカを食べてはならない。食べた者を臆病にするからである。けれども女性や老境に達して久しい人は食べていい。［東インド諸島の］ブルおよびアル諸島の人びとは、大胆にしてすばしこくなるために犬の肉を食べる［Frazer,vol.8,p.145.］。勇気を鼓舞するため、勇敢な人間の血肉が食べられる。デュシャイユ（Du Chaill）の先住民従者たちが先祖の頭蓋骨を削って粉にし、水で飲んだのを、我々は見た。

このデュシャイユ人戦士たちのケースは、我々をして一跳びで問題の核心に至らしめる。多くの野生人は、似たような理由から、死んだ実の父親たちを実際に食べた（原注）。［紀元頃ローマのギリシア人地理学者］ストラボンを読めば、古代アイルランド人は「両親の身体を食べることは名誉なことと考えた」とある。また、［紀元前五世紀ギリシアの歴史家］ヘロドトスによれば、中央アジアのイッセドン人（Issedones）もそうした。マッサゲダイ人（Massagetae）は「同情の哀れみをもって」身内で老境に達した人たちを食べた。この風習はごく最近までスマトラ島のバタ人（Battas）の間で行なわれており、彼らは「老いた身内の人たちを宗教的儀礼的に食べる」のを習慣とした。オーストラリアでは、不慮の自己で死んだ親族を食べるのは日常のことであった。一般的に言うと、両親あるいは親族は「生命を家の外へ出さない」ために食べられた。あるいはまた、肉体や霊魂を血縁者の体内に保存するために、さらにはまた、死んだ親族のもっていた勇気やそのほかの資質を獲得するために、食べられた。要するに、死者は聖餐的に、或る著者に言い回しによれば「聖体晩餐的に（eucharistically）」食べられたのである。ハートランド氏 は多くの顕著な事例を収集している。

（原注）この章を執筆した後、誉れ高きカニバリズムの問題に関しては、シドニー・ハートランド氏の『ペルセウス伝説』第二巻［London,1894 - 96］、「埋葬儀礼」の章でさらに詳しく論じられた。

それにしても、もし人びとがその家族にして家の守り神でもある父祖たちの肉体を食べるのであるならば、況んや、人為的な［動植物］農耕神や民族のために死んだ間に合わせの王たちの肉体を食べるのは当然であろう。神の肉体を食べることによって、人はその神性を吸収し、人と神とは一つになる。神は人の中にあり、人を鼓舞する。これが聖餐儀礼の根本観念である。人は神と完全に合一するために神を食べる。人は神を自身の中に包摂する。こうして人と神とは一つの存在（one being）になるのである。

なおまた、神を種子として使うため穀物精霊に見立てて地中に埋めるのであるならば、どういうつもりで神を食べるのであろうか。その明白な難問に対する答えはゴンド人が与えてくれる。すでに見たように、彼らは生贄の血を耕作後の田畑ないし結実した穀物の上に撒き散らし、その後、神の肉体を聖餐的にむさぼり食べる。人為的な神をそのように二重に使用する例は、今日の典拠文献に読まれる曖昧な言葉の中に、実際、しばしば認めうる。それを我々はポトラジ（Potraj）の儀式にみる。そこでは、小羊の血が式を挙行する祭司に飲まれ、残った部分は祭壇脇に埋葬される。我々は、犠牲の一部が聖餐的に食べられ、残りが焼かれて耕地の上にばらまかれるのを、夥しいケースにおいて観察する。地味を豊かにすると考えられているのである。人が神の一部を食べるのは、神性を摂取するためであり、またその一部を田畑に埋めるのは、地味を豊かにする性質を同時的に神から穀物や葡萄畑に得させるためである。

これらはすべて明らかに神秘的であると認める。しかし神秘を売り物にするとか、不可思議な同一視と微細な区別立てでもって［複数の］人格を奇妙に重ね併せるとかは、いつでも宗教の常套手段をたくさん作り出してきたのである。

［（三）神の代理と王の虐殺］

さて、ここでしばらくメキシコの事例に戻るとしよう。

テツカトリポカ（Tezcatlipoca）大神の年祭は、多くの似たような祭典と同様キリスト教のイースターとほぼ同時期にあたるが、この年祭では、一人の若者が一年間の神の代理に選ばれた。すべての選ばれた生贄の場合と同様、彼は汚れなき人物でなければならなかった。また、神たる王（god - king）としてそれに相応しく振舞うよう訓練された。神としての在位期間、彼は贅沢三昧に身を包んだ。また実際に君臨する皇帝は彼をすでに現人神とみなし、煌びやかに盛装していられるよう配慮した。壮麗な制服の身なりをした八人の随伴者がそばにいた。それは、彼が神であるのみならず王でもあることを示すものである。そして、彼の行くところどこででも、人びとは彼に額ずいた。彼が生贄に捧げられる祭典の二〇日前、四人の高貴な乙女が四人の女神の名をもって、花嫁として彼に与えられた。最後の饗宴は、あたかもディオニュソスの、アッティスの、そしてポトラジのそれと同様、それ自体で五日間を費やした。地球の南北両半球で同時並行的に行なわれたものであって、人類が拡散する前にあった起原をも同一にした慣習であると暗示させるものである。この五日間、本当の王は自分の宮殿に止まった。このことはつまり、生贄は代理として仮りに神聖にされたにすぎない王たる神々（king‐gods）のうち、並みのクラスに属していたことを明白に示している。他方では、宮廷の全体がその生贄に仕えた。饗宴の最終日、生贄は覆いのついた平底船に乗せられて湖をわたりピラミッド型をした小さい寺院に連れられていった。その先端に着くや、彼は捕らえられ石の台盤――明らかに埋葬に起原をもつ聖餐台――の上に押さえつけられ、それから祭司が石のナイフで生贄の胸を切り開き、心臓を引き抜いた。それを太陽の神に捧げた。頭は歴代の生贄たちの頭蓋骨に並べて吊された。それは疑いなく、神託を目的にし、またそれを永久の神と見なしてのことだった。けれども四肢は料理され、有力者の食卓に出された。彼らはこうして、聖餐的に神の共食にあずかるのだった。生贄になった彼の後にはすぐさま別の若者があてがわれた。彼は一年間同様の尊敬をもって遇され、その期間の最後には、同じように虐殺されたのである。

この祭式が「インド、ベンガル地方における」コンド人の生贄メリアの祭式やポトラジ人のそれ、そしてディオニュソスやオシリス、アッティス、アドニスの祭典のそれと緊密な類似性を指摘する必要があるとは思われない。けれども頭蓋骨の最終的な使用目的、そしてインドそのほかの地方における動物神の頭蓋骨との厳密な同意義については、とにかく特別の注意を向けたい。

フレイザー氏は述べる。「代理の人間においてこのように虐殺された神はその後ただちに復活する、という観念は、メキシコの儀礼においては、虐殺された人神（man - god）から皮膚が剥がされ生きている人間に着せられることによって図像的に表現された。それを着せられた人物は、そのようにしてこんどは神の新しい代理になるのであった」。

生贄の血は分けて差し出された。その点でさらに言えることは、一般に、霊魂や神々は食物を欲しがるよりも飲み物をほしがるということである。この一風変わった嗜好は次のことから解釈されよう。すなわち、墓所や石の聖餐台あたりの地面に注がれた血やそのほかの体液はほどなく地下にしみ込み、あたかも霊魂や神々が飲み干したか吸い上げたかのように思えたが、しかるに肉や固形の供物は当の神がちっとも触れないでいるように見えたからである。神々が血を愛好するというこの慣習についての副次的な特徴は、メキシコ人は自分たちの耳から新鮮な血をとって神に飲ませ、さらに同様に、自分たちの足から血をとってそれを寺院に塗りつけるという事実に観察される。自己供犠の軽減であるこうした行為に類似したものは、ほかでも観察される。例えばアッティスのために自身の腕から血を抜きとるアッティス神の祭司、「バール神のために自らを傷つける」ヘブライのバール神祭司、割礼というヘブライにありふれた儀礼など。血は、遺族や崇拝者たちが死者や神々に敬意を払う行為として、たえず流されるのである。

他の地域の神秘的な儀礼に見られる人身御供の事例をさらに挙げることもできるが、ここではむしろ、様々なコミュニティーで経験される傾向にある［自己供犠の］軽減に言及したい。神秘的な供犠の完全な形態というのは、聖なる祭司王、すなわち神にして神々の子孫でもある者が、自身を自身に捧げること、彼自身の聖なる始祖の祭壇上での自己供犠でなければならないと思う。しかし、現在突き止めうる大半のケースにおいて、供犠はすでに生贄志願者、一時的な王、単なる養子縁組による神聖な血統による供犠形式をとっている。ときたま実際の王の子や兄弟ということもあるが。さらなる緩和として、生贄は戦争の捕虜（それは実際、ラテン語 victima［縛られた者］のまさに語原中に含まれている）、あるいは有罪を宣告された罪人、あるいは容易に誘われてその運命的な役目を引き受けてしまう愚鈍な者などから補給される。これらのすべてについては、すでに前以て見た事例で暗示を得ている。それ以上さらに緩和された形式として、生贄は言い訳を弄して実際の死を免れ、生きた人間に代わって像（image）や人形（effigy）に義務を遂行させせることが許される、というものがある。これらの仲介物に関して格好の事例として、コロネル・ドールトン（Colonel Dalton）が言及しているバーガッ人（Bhagats）のものがある［Frazer：Part3,p.217 - 8］。彼らは「毎年木製の像をつくり、それに服を着せ装身具で飾る。それからマハデオ（Mahadeo）（男根の形をした荒削りの石像）の祭壇前に供える」。「その場で祭司として儀礼をつかさどる人物は、次のように言う。『おー、マハデオさま、古来の慣わしにしたがって、この人間を供犠にささげます。よって、季節の頃合をみて雨を降らせ給え、豊穣をもたらせ給え』。そののち、斧の一振りで像の頭部が切り落とされ、胴体は除かれて埋蔵される」。この奇妙な儀礼は、コンド人の生贄メリア祭式の、残存し続けつつも甚だしく緩和されている形態を我々に示している。

しかしながら、そのような血を流さない代理物では、概して、神々を悦ばせないし、霊魂ないし穀物神を実際に動かすのに成功しない。それらはけっきょくのところ、かぼそい幻影の供犠にすぎない。神々が求めるのはなによりも血である。だから、人間の生贄神のもっとも一般的な代理は動物の生贄神ということになる。その豊富な事例を、我々はすでにディオニュソスの牡牛と仔山羊、アッティスの豚、そのほか多くのもので見ている。もし殺されるのが家畜でないとしても、たくさんの供犠がけっきょくは同じカテゴリーに属するというのは、多分ありそうなことである。そのようにして我々は、供犠についてロバートソン・スミス博士がきわめて巧みに練りあげた見解とともに、いわゆる「神人両性的」供犠——人間と神の双方を表象する動物［供犠］——の理論をもっとも容易に説明できるということなのである。

この［いわゆる「神人両性的」供犠］理論によれば、家畜は初期には部族と同じ血縁、血統と見なされた。牡牛や山羊、あるいは羊を殺すのは、供犠として聖餐として王の子を殺すように為されるときにのみ、許されえた。このことは、私見によれば、初期において献じられた家畜は人間の生贄の代用と見なされ、それとして供犠的、聖餐的に食べられもした、ということ以上の意味を殆どでない。けれども私は、この幾分論争になりそうな問題点については差し控え、動物供犠は習慣的にそれ自身で神聖なものと扱われ、その血は同じように原初の共食的（cannibal）供物と扱われた点を示唆するに甘んじようと思う。一方では、供犠がかなり古い、またそれ以上に、謂わば絶えず変わることのない神の祭壇に捧げられたが、他方で、生贄の血の方は聖石の上を流れるにまかされた。たしかに、アラブ人のもとでもヘブライ人のもとでも、かつて畜殺はすべて供犠であったと思われる。また畜殺が慣習的な供犠を伴うのを必然的に止めたときにさえ依然として、神の名において生贄を虐殺し、神を祝して血を地面に流出させる必要があると考えられた。ギリシア・ローマ世界においてさえ、獣肉の大部分は「偶像に捧げる肉」だった。現在も残存する野生人の間では、依然として家畜の屠殺は聖なる儀礼と見なされているのを、この後で見ることになろう。

［（四）神々に捧げる殺生］

とにかく一般的にいって、神々に捧げる殺生のうちもっとも初期のもっとも有りふれた形式は血の献納であり、思うに、最初期の生贄は一般に聖餐参加者たちによって食い尽くされた。そのことは、たとえばメキシコ人のもとで共食的（cannibal）生贄が食い尽くされてきたのでわかるし、ディオニュソス崇拝者たちによって神人両性的な山羊や仔山羊がオルギー的にむさぼり食われたので見てきたとおりである。捧げられた生贄の食事が生でか調理されてかということは、些細なことである。前者の慣習はいっそう原初的でオルギー的な儀礼で行なわれていたし、後者はいっそう控えめで文明的な儀式で行なわれた。けれども、いずれの場合にせよ、動物神は人間神のようにして、全崇拝者によって聖餐的に食べられた。そのようにして彼らは、神の聖なる本質を彼ら自身の内に取り込んだのである。他方、生贄を焼く儀礼は、主に［古代フェニキアの］ティルス人（Tyrians）やギリシア人（Hellenes）のような火葬の習慣をもつ人びとのもとで普及したのだと思われる。もっとも、ヘブライ人やエジプト人のような土葬の習慣をもつ多くの民族へも確かに広がりをみせはしたのだが。火葬にされる生贄でも、その大半の場合、少なくとも聖獣の一部が火から取りのぞかれ、崇拝者たちによって聖餐的に食された。

繰り返すが、生贄それ自身は、普通、特別の種類の聖獣だった。動物の中から神のために選ばれたこの聖なるものは、今まで我々が考えてきた以上に何か重要な意味を有している。さまざまな牧畜民のあいだでは、飼い馴らされたさまざまな動物たちは、それら自身の中に絶対的な聖性を所有している。わかっている例としては、インドの大部分で雌牛（cow）はたいそう神聖であり、デカン地方では野牛（buffalo）がそうである。アフリカの牧畜諸民族のあいだでは、日常食はミルクと猟獣猟鳥であって、家畜は食用のみでは滅多に殺さない。稀な機会ないし神聖な機会――どこかで人間の犠牲が求められる、まさにそうした機会――ときまっている。例えば宣戦布告、敬虔な祝祭、婚姻、あるいは偉大な首長の葬儀などの機会である。そのような場合、祭礼は公的であり、あらゆる血族が参加の自然な権利をもっている。家畜を入れる囲い自体は、ことのほか神聖である。家畜とその囲いは所有者たちによって慈悲深く、ほとんど兄弟同様の好意でもって扱われる。

さらに少々付け足さねばならないことがある。それは、最初期の諸民族のもとでは、自民族の成員でないものであれば野生動物でも敵でも、殺して食べるのはちっとも悪いことと見なされない、ということである。けれども、自民族の者を殺すこと——血族を殺すこと——は、はなはだ罪深いことであり、また家畜を殺して食べるのも罪深いことである。なるほどたしかに、老齢になるか、あるいは病気や虚弱になるとかしたときは、非難されることなくそれを殺していいし、同様に老齢や病気になった家畜を殺して食べてもいい。けれども一般に、ちょうど正当な理由があって人間の犠牲を殺して食べるのと同じ情況下で、ひたすら聖餐的供犠的に食べる。このように、一般に、各民族は自身に固有の聖獣を有しており、それは人神の正規の代役として召し使われるのである。アラブ人のもとでは、ラクダがそうした動物であり、インド人諸族のもとでは牡牛（bull）あるいは野牛（buffalo）が、牧畜諸族のもとでは羊ないし山羊が、チュートン諸族では馬が、都市に住む多くの定住者のもとではブタがそうである。そのほか、サモエードやオスチャーク［といった北方諸民族］のもとでは、所持品の一つトナカイがそうである。

また一般に、牝牛やそのほか動物のメスは、通常は供犠に用いられなかった。メスは乳搾りのために取っておかれたのである。もっとも頻繁に聖餐として捧げられ食べられたのは、牡牛（bull）、去勢しない牡羊（ram）、去勢した牡牛（ox）、それに牡山羊（he - goat）だった。このような習慣にむかうのは功利的な動機からにすぎない。ちょうど、現代の肉屋が好んで牡の子羊（ram Lambs）をつぶし繁殖のために牝羊（ewes）を救うのと同じである。慣習は、一度導入されると、神聖になっていく傾向があるのだった。なぜなら、我々の神聖な祖先たちが為したことはすべてそれ自身が神聖であり、軽率短慮に改変すべきでないからである。このゆえに我々は牝牛に備わる至高なる神性を理解できる。それがあるから、きわめて多くの民族は牝牛を供犠にするのを拒絶してきたのだし、他方、牡牛（bull）あるいは去勢した牡牛（ox）は何のためらいもなく供犠にし食べているのである。そのように、トダ人（Todas）は牝野牛の生肉は決して食べないできたものの、牡野牛は年に一回、村中の成年男子全員がそれを屠殺して焼く儀礼に参加して、聖餐として食べる。

そうした聖獣の神人両性的供犠に関する顕著な事例は、ニルス（Nilus）と同時代におけるアラブ人が行なっていた儀礼についての彼の記述から得られる。［それによると］生贄に選ばれた聖なるラクダは、粗雑に石を積み上げたケルンの上に縛りつけられた。それから集団のリーダーは、崇拝者たちに対し、荘厳な行列を組んで聖歌を詠唱しながらケルンの周囲を三度回らせた。聖歌の最後の歌詞が歌い終わると、リーダーは（ポトラジ人が子羊にしたように）ラクダに襲いかかり、傷つけ、そして急いで血を一口飲んだ。するとただちに全成員が、揺れ動く肉片を切り落とした。それから、［まだ明るいうちに］星がでて［翌朝に］太陽が昇るまで、ラクダがまるごとすっかりなくなるまで、野生の慌ただしさで生のまま貪り食べ尽くした。牧畜民ヘブライ人のもとで毎年行なわれる過越祭［出エジプトを記念して、春分直後の満月にあたるユダヤ暦一月一四日夜に子羊を食べ、以後一週間続く祝宴］の子羊の供犠などは、あきらかに、この粗野な儀礼のたんなる緩和形態にすぎない点に注目したい。この場合、文明化した諸民族の大半において予想されるように、生贄は完全に焼かれている。けれども、どの箇所も素早く食べる必要がある点は類似している。説話がさらに伝えるところによれば、過越祭の事例において、子羊は人間の生贄の代理であり、初子（the first - born）は［それのみで］聖なるものとされるのでなく、ヤーヴェへの供犠とされたのだった。さらにまた注目すべきは、過越の子羊の祝宴が今では馴染みの五日間に行なわれた点である。その月の一〇日目に聖獣が選ばれ、一四日目に供犠に捧げられた。儀礼は全体がきわめて物語的で、遺風に満ちている。

さらには次の点も記憶しなければならない。すなわち、大半の国々において神々は崇拝者の同居人であり、各家庭に四六時中いて、毎度食事をともにし、生者に協力する点である。ニューギニアでは今もそうだが、神々は家に住んでいた。神々への献酒はすべてのカップから注がれた。家族団欒のたびに神々の霊魂ないし頭骨、木像に食物が供えられた。通常の祝宴はそのような陽気な賑わいの拡張にすぎなかった。そこで生贄は、供犠として殺され、聖餐として食べられた。訪問者は、住人たちが自力で救済するべく神の血肉を食べているものと信じた。ヘカトゥーム［古代ギリシアで牡牛百頭を生贄にした儀礼］やインドにおける馬の思い切った生贄［Frazer, vol.11, p.80, n3.］は、比較的稀れだったに違いない。けれどもそれらのすべてにおいて、生贄は神の化身の一つである聖獣、すなわち神とみなされたことの明白な痕跡が確認される。

［生贄と神との］この同意義についてのはっきりとした証拠は、メキシコ人が年神の表皮で身を包んだように、崇拝者たちがしばしば生贄の表皮で身を包んだ事実に見られる。ときに獣皮は、偶像（idol）を飾るのにさえ使用されている。キプロス島における、羊の女神アフロディテへの羊の供犠においては、祭司たちは羊の毛皮を着た。また、アッシリアのダゴン崇拝者は、魚の神に魚の生贄を捧げるとき、魚の皮を身に着けた。間違いなくこれと似たような意味において、アテナの持物にして山羊の女神の姿で描かれるアイギス（aegis）［ゼウスが持ち、またアテナに与えたと言われる盾で、防護具の意］すなわち山羊皮があり、ディオニュソス聖餐式で使用される毛皮がある。ためらうことなく言って、これらすべてはメキシコの食人供犠と同様、原初的な慣例に起因するのである。

この点にまで至ってさらに我々は、人間の代理としての聖獣がいっそう古い神の聖餐台の前で殺される事例と、人間の生贄が町や村の礎石の前で殺されるという、他に知られている事例とがまったく同じ意味をもっていることを確かめることができる。いずれの事例においても、神の生命の明白なる復活があった。その行為によって古代からの神に鮮血が、謂わば点滴されるのだ。

［（五）動物供養］

さて、概括的にみて次の点を敢えて指摘できよう。もしかして全部とは言えないもののきわめて多くの供犠が、またむろん歴史上の諸民族のもとでもっともよく知られたものは、人間の生贄に替えられた動物の屠殺であること、そして、肉は崇拝者に貪り食べられたことである。

とはいえ、ここで一言も触れずにおくことなどできない特殊なかたちの動物供犠がある。それは、収穫祭において最後の遺風の一つが残されている。このテーマに関しては、フレイザー氏がその興味深いエッセー［『金枝篇』Chap.45,46,47,48］において豊富に記している。それをここで詳細に述べるだけの余裕はない。以下でほんのわずかな事例を概述しうるのみである。

［訳者による改行］元来、刈り入れ期間中の穀物神ないし穀物霊は、刈り取られず立っている最後のひと束に避難するものらしい。その［最後の］穀物束を刈り取った者はだれでも穀物霊を殺したのであり、したがって、聖なる王殺しの類推によって、自分自身が穀物霊［の化身、Frazer,Chap.47］になるのであった。あらゆる類推が示唆しているとはいえ、フレイザー氏は、この人間の代理物がもとは殺されて食べられていた点をはっきり断言しているわけではない。だが、少なくともこの代理物が殺されたことは確実性に満ち満ちている。また近代ヨーロッパの多くの穀物畑でも、無言のままであれとにかく、依然と

して彼は殺され続けている。けれども、穀物霊はたいてい最後の刈り束の中に偶然発見された何らかの動物に変身すると考えられている。今でもしばしば、ハツカネズミやハリネズミのような小動物が隠れ家となる。けれども昔は、ほかにオオカミやイノシシなど大型の動物が似たような環境下でしばしば見うけられていた。しかしながら、多くの大型動物——通例は聖獣——は今まで、また現在でも穀物神の代理として聖餐的に食べられてきている。他方、最後の刈り束の方は逆に人間の男性の形に、それ以上頻繁に女性の形に作り上げられ、翌年の収穫時まで、年神のように一年間信心深く安置される。

［訳者による改行］収穫祭ではときおり雄鶏が頭部を落とされて食べられるが、ここでは頭部に特別の重要性がある。それは、ほかの多くの事例に見られる人間の生贄の頭部についてと同様である。ときには古代のプロイセンで、穀物山羊が聖餐として胴体部分を食べられた。また、ときに［フランスの］シャムベリーでは去勢牡牛（ox）が屠殺され、刈り手たちは特別の儀式をしてから夕食でこれを食べた。また、ときには古いチュートンの聖なる動物、すなわち馬があって、これは穀物の最後の刈り束の中にいる［刈り束自身が馬である］と信じられている。

［訳者による改行］ここに挿入して付け加えたいこと（いずれそのうちに文章で提示したく思っていること）がある。それは、おそらくこの観念中に、またそれと同質の観念中に、寺院に供えられたり教会の中に建てられたりしている神聖で神託めいた馬頭や去勢牡牛頭の起原が有するということである。ときにはまた、ブタも神を具現し、収穫祭において儀礼的に食べられる。

これらの聖なる動物すべてが元来は人神の代理物であり、ディオニュソス、アッティス、オシリス、デーメーテール、アドニス、リテュエルセス、そのほか歴史的文明時代になってからの偉大な穀物やワインの神々の中にその類例を見いだす点を指摘する必要は、もはやほとんどなかろう。

しかし、聖餐の祝宴にはそのほかいま一つ、いっそう洗練された形態がある。穀物神と葡萄神は殺されると復活して穀物や葡萄に変化するのだから、我々はパンの形で神々の肉体を食べ、ワインやソーマ酒［ヒンズー教徒が神前の灯火に注ぐ神酒、蘇摩酒］の形で神々の血液を飲んでも、ともあれ差し支えないということになるのではないか？

最初は敬意を表しての食人という神食（god - eating）形態に、その次は動物供犠といういっそう緩和された形態に精通してきた民族なら、この些細な感情の変化ほど自然なものはほかにない。いや、さらに付言すれば、最初からパンを食べワインを飲んでいる者はだれしも、自分が飲み食いするものが神の肉体と血液であることは知っていたに違いない。なお、たんなる日常食と聖餐との間には一定の差異がある。人びとの心が聖餐に慣れ親しむことになったのは、聖なるカニバリズムと動物供犠とによるのである。したがってパンとワインとを飲食する特別の聖餐が存在し、そこでは何よりも特に神の肉を食べ神の血を飲むと解されている、多くの事例に出会うことになる。

ここで幾つかの興味深い事実を引き合いに出そう。藁と穀物とは殺された穀物神から成長し、神の自然な化身の一つと見なされるかもしれない。そのゆえに、人間の供犠が禁止されると、しばしば、人神の果たすべき義務を藁神が負わされる場合がある。すでに見たように、かつて［ドラヴィダ系の］ゴンド人は聖なるバラモン階級の少年たち――謂わば血筋からして神であり、しかもなお見知らぬ子どもたち――を誘拐し、彼らの血を畑一面に撒き散らし、肉を聖餐的に食する［Frazer,Chap.47］。しかしそれに共感を示さないイギリス政府がゴンド人の神作り慣例に干渉したとき、ドルトン［Col. Dalton］の記述によれば、ゴンド人は代わりに今度は藁で像を作る習慣を身に着け、今でも相変わらず供犠に捧げている。したがって、「謝肉祭の埋葬（Burying the Carnival）」［Frazer,Chap.28］やすでに引用済みの似たような多くの儀礼において藁人形が人間生贄を象徴的に代理している点は、注目されてよい。実際、あの一連の奇異な遺風の中に、我々はありそうな代理物をすべてもっている。――偽の王、愚鈍の者、うわべだけの殺害、儀式的な血の流出、動物供犠、そして藁人形か画像。今日も行なわれる「藁人形」のガイ・フォークス作り［火薬陰謀事件の首謀者ガイ・フォークス（一五七〇～一六〇六年）の記念日一一月五日にこっけいな人形像を引き回して焼き捨てる］にしてさえ、このようにたんなる偶然の珍事ではないということを付言できよう。それにしても我々は、フレイザー氏が申し分なく詳細に記述しているように［Frazer,Chap.48］、穀物妻［フレイザーは「穀物妻（corn - wife）でなく「穀物母（corn - mother）」ないし「古女房（old wife）」としている。cf:Frazer,Chap.45,48］や穀物赤ちゃんの人形を作る興味深い慣例において、非常に類似した穀物使用法を知っている。この希薄になった人間供犠の遺風において、穀物束は人間供犠に代わって義務を履行しており、年々歳々穀物神ないし穀物霊の生命を体現し続けているのである。現存する全証拠から次の観念が連想されることになる。すなわち、以前には、［人間の］穀物娘ないし穀物妻は一年間神の座におかれた後、収穫時に殺されたということ。だが、現在では人間の生贄は野菜類ないしそれと同等の物、穂の中の穀物（the corn in the ear）で代替されていること。また、その［穂のついた］刈り束は穀物娘ないし穀物妻に代わって義務を果たし、翌年の収穫時まで穀物の女神として君臨するということ［最後の刈り束は女装される、Frazer,Chap.45］。したがって、穀物の赤ちゃん（the corn - baby）は人間の血肉でなく穀物で作られる臨時の女王だということ。

［訳者による改行］この事例は、［アメリカ先住民の一つ］スー人の少女に関する記述と比較されてよい。その少女は、［同じく先住民の一つ］ポーニー人の生贄となり、弱火の上で焼かれてから（聖セバスティアヌス［信仰に殉じて弓矢で射殺された三世紀ローマのキリスト教徒］のように）弓矢で射られた。儀礼の

統率者は、彼女の心臓を引っ張りだして貪り食べた。こうして正真正銘の食人流儀で女神を食するのだった。一方、肉はまだ暖かいうちに細切れにされ、穀物畑にもっていかれた。数滴の血が絞られ、数粒の種もみに降りかけられた。その後、作物栽培者（a crop - raiser）を作り上げるため肉は土中にすっかり埋められた。収穫時におけるうわべ上は無邪気な穀物の赤ちゃん喜劇は、たぶん、女神作りに際してのかくも身の毛のよだつ儀式の最終的な遺風なのである。フレイザー氏は、それについて、アテネのコレー［kore、娘、乙女の意味］、すなわちペルセポネー［デーメーテールの娘］の儀礼と適切に結びつけている［Frazer,Chap.46］。実際思うに、「古女房」と「穀物の赤ちゃん」という二重の呼称形態から考えられることは、その一対が、デーメーテールとその［冥界の王ハデスに］強奪された娘の双方と同一視される植物であることを指し示しているのだろう。

［（六）パンと葡萄酒のカニバリズム］

けれどもほかの事例では、神を表したり聖餐として食されたりするのは藁や穀物の穂でなく、日常のパンや葡萄酒自身である。この無類の儀礼的慣行の広範な普及と宗教的な重要性に関して現在手元にある知識の大半は、フレイザー氏のおかげで入手できたのである。

すでに見たように、多くの国々において作物の初穂は、祖霊か大神、あるいは生き神にして聖なる祖先の今日的後継者である王に捧げられる。これが終了するまでは、新しい収穫物を食べるのは危険だろう。その中にいる神に殺されるだろう［Frazer,Chap.49］。とはいえ多くの種族は精霊への初穂の儀礼的供物に加えて、聖餐的に、新しい穀物や米の中にいる「神」を食べる。スウェーデンのワームラントでは、農民の妻は少女の形をしたパンを焼くために、最後の刈り束（すでに見たように、その中に特に穀物神、穀物霊が存在すると思われている）の穀物を使用する。前以て穀物女神ないしペルセポネーとして供犠にされた少女が、ここで今一度、パンの形で再来するのを見る。このパンは家族全員に配られ食される。それでフランスのラ・パリスでは、人間の形にした生パン像を、最後の収穫馬車で家の倉庫へ運搬してきた樅の木に吊す。生パン像と樅の木は、葡萄の収穫が終わるまで市長の家にもっていかれる。その後祝宴を催すとき、そこで市長はその生パン像を砕き、欠片を人びとに与え食べさせる［Frazer, Chap.50］。ここで市長は、あきらかに王か統率者を演じているのである。それとともに初穂の祝祭と聖餐の食事とが、原初にはおそらくそうであったように、同一の供犠儀礼として結合するのである。葡萄酒についてははは何も言及されていない。けれども祭りが葡萄収穫まで延期されたことから考えて、かつては穀物神の肉体のみならず葡萄酒神の血もまた少なくとも原初の儀礼には加わっていたと思われる。

ヨーロッパには類似した多くの祭りが残存しているが、しかし穀物神を食する儀礼をもっとも完全な形態において見るには、今一度メキシコに注目する必要がある。そこでは、食人的に神を食べる実例の最適のものが、もっとも徹底して特質あるものが得られる。五月と一二月の年二回、メキシコの大神ウィツィロポチトリ（Huitzilopochtli）の像が生パンで作られ、その後細かく砕かれる。集まった崇拝者たちがそれを厳かに食べる。アコスタによると、五月祭の二日前に神殿の処女たちがビートの種子と焙ったトウモロコシを雑ぜ合わせ、さらに蜂蜜でこねて練り物の像を作った。それは神を表す木製の永遠の像と同じ大きさで、目としてガラスのビーズ玉を入れ、歯としてトウモロコシの粒を並べた。その後貴人たちは、木像に着せるような凝った趣味の豪華な衣裳をその植物神にもってきて、それをこの像に着せた。それが終了すると、彼らはその人形を担架に乗せて担いで運ぶ。あきらかに王の権威を刻印するためである。祭礼の朝、神の乙女たちは自らをトウモロコシで作った栄冠とその外の盛装に身をまとった。

同じように盛装した成年たちが、像を箱に入れ、あるいは担架に乗せて大きな円錐形の神殿の上がり口まで運んだ。その像は、神殺しの儀礼ではよくあるフルートやトランペットの音楽が鳴り響くなか、階段を引き上げられる。あらゆる植物神に恒例なように、像の上に花々が撒かれる。そしてバラの小礼拝堂に安置される。いくらか歌舞による儀礼が行なわれ、それによってその練り物［の像］は神の事実上の肉体と骨として聖化された。最後に、その像は壊され、欠片にちぎって人びとに配られた、まずは貴人たちに、その後平民たちに。男も女も子どもも、「それが聖なるものであるかのように［原文はas if it were sacredだが、フレイザーの原典にはas it was an administrable thing（もったいないものでもあるかのように）となっている。Frazer,Chap.50,p.490.］涙と畏れと敬意とを抱きつつ、神の肉と骨を食べているが、それで深く悲しんでいるのだと言って」欠片を受け取った。そのほか、アッティスやアドニスの肉体への追悼や、ディオニュソスの祭式などもあるが、ここではそれらとの密接な類似を指摘するまでもないと思う。

一二月祭（それはクリスマスのように冬至に行なわれた）は、よりいっそう密接に食人の慣例を想起させる。なぜなら、ここでは穀物の種子を子どもの血でこねた生パンで神像が作られるからである。そのような幼児大虐殺［Massacre of the Innocents、マタイ二―一六にある、ベツレヘムとその周辺一帯で生じたヘロデ王による幼児大虐殺］は、これと似たような関係において、ほかかでもしばしば発生しており、あとの方で再度見ることになろう。像は神殿の主祭壇の上に置かれ、それの主顕節［Epiphany 一月六日に行なわれる、東方の三博士にキリストが初めて示顕されたことを記念する祭り］の日、メキシコ王はそれに香料を供える。このような聖幼児神（Bambino gods）はほかの国々でもよく知られている。次の日、それは祭壇から下ろされ、祭司は火打ち石［硬い矢じり］付きの矢でそれを射た。この行為は、「神の肉体を食べるための神殺し」と称された。それから、祭司の一人が像から心臓を切り取り、それを本当の王に与えて食べさせた。それはちょうど、ほかの供犠において祭司が人間生贄の振えている心臓を切り出し、それを食人神の口に入れるのと同じである。像の残部は細かく分けられ、大人子どもを問わず共同体の男子全員に分配された。その儀式は「神は食べられる」と呼ばれた。フレイザー氏の著作［金枝篇］は同類の慣例に関する申し分ない宝庫である。

フレイザー氏は、過渡期にある興味深い事例に注意を促している。人間の形に作られたパンは、ローマではマニアエ（Maniae）と呼ばれたが、そのようなパンは特にアリキア（Aricia）で作られた。さて、アリキアはイタリアの一地方であり、輝きに満ち溢れた歴史時代にまでよく認められていたが、そこにはレックス・ネモラリス（Rex Nemoralis）［森の王、Frazer,Chap.1.p3 には Rex Nemorensis とある］と称する一人の聖なる祭司王が住み続けていた。［即位に際して］彼は前任者を殺すという昔からの残忍な権利を行使するのだった。さらに、マニア（Mania）とは、霊魂（Ghosts）の母ないし霊魂の祖母の名だった［Frazer, Chp.50,p491. なお Chap.1,p6, には、Mania とは「鬼ないし妖怪（a bogy or bugbear）」とある］。このラテンのキュベレー［小アジアのフリュギア地方に起原を発する大豊饒女神］に捧げられた毛糸の［人形］像は、ローマのコムピターリア祭において［家々の各戸口に］吊されたもので、人間生贄の代替と言われていた［Frazer,Chap.34,p347］。フレイザー氏の示唆するところによれば、アリキアで焼かれる人間の形をしたパンは聖餐だった。いにしえの昔、レックス・ネモラリスが毎年殺されるに際しては、メキシコの［生パン神像の］場合と同じように彼の形に作られ、崇拝者たちに聖餐として食べられた。フランスやイタリア、ときにはイギリスでも、人間のような格好をして金ぴかに飾られた生姜入り菓子パンが多くの定期市で売られているが、それらは似たような原初の聖餐的偶像の最終的に死滅しつつある遺物だということを、この際ためらわずにさらに示唆しておく。なぜなら、定期市は、その大半が宗教的祝祭の衰退した遺制だからである。

　神人両性的な動物生贄は人間と神とを表現するものであるから、動物の格好にして小麦粉で焼かれた菓子が、ときおり動物生贄と同様に扱われるのは道理にかなっている。というのも、穀物はけっきょく穀物神の化身だからである。それゆえ古代世界にあっては、貧しすぎて本物の生贄を買う余裕のない人びとのために、生パンを焼いていろいろな供犠動物の代替物を作って保存しておくのが習慣であった。通常、去勢牛と羊とが頻繁に代替とされた。ミトラダテス〔Mithridates、パルティア第六代の王（位前一七一～前一三八）〕がキジクス〔Cyzicus、トルコ北西部の半島、現在のカプダー半島〕を包囲したとき、その住人はペルセポネーの生贄に捧げる黒牛を獲ることができなかったので、生パンで牝牛を作り祭壇に安置した〔Plutarch,Lucullus,10、in:Frazer,Or.Chap.10,Vol.8,p.95〕。アテネのディアシア（Diasia）祭では、動物の形に作った菓子が生贄に捧げられた〔Frazer,Or.Chap.10,Vol.8,p.95〕。またエジプトのオシリス祭では、富者は本物のブタを供えたが、貧しい者は生パン製のブタで代替とするのが習わしであった〔Frazer,Or.Chap.10,Vol.8,p.25〕。

　しかしその他多くの儀礼では、聖餐的および供犠的菓子は、人間ないし動物の格好をまったく失ってしまっている。神として食べられるものは、したがって、かゆや雑炊のような米を煮て作った形のない食物、なにも形を添えないまるい菓子かパン、はたまた太陽かキリスト教十字の焼印をつけた薄焼き菓子である。このタイプの事例ならばだれにも馴染みである。

　原初的なカニバリズムによりいっそう関連するものとして、罪食人（Sin - Eater）〔Frazer,Or.Vol.9,Chap.1,p.43〕の奇異な儀礼がある。それについてはシドニー・ハートランド（Sidney Hartland）氏がじつに丹念に調べている。上バイエルンには、小麦粉をこねて作った死体菓子（corpse - cake）と称するものがあって、死者の徳を吸い上げるために死者の胸の上に置かれる。この菓子はそれからもっとも近しい縁者によって食べられる。バルカン半島では、パンで作った死者の小さな像が遺された家族によって食べられた。これらはカニバリズムと罪食（sin - eating）としてよく知られた儀礼の中間に位置する。

たとえ確定できないとしても示唆しようと努めてきた概略の起原決定は、ここではっきりさせたものと思う。私見によれば、種族によってはその草創期において自らの両親、ないし彼らの一部分を食べた。それは、彼らの祖先の聖なる魂を自身の体内に吸収するためであった。その後、農業との関連で人為的に神を作ることが日常的慣習となるに及んで、人びとは両親の場合と似た理由で、神ないしその一部分を食べることとなった。しかし彼らは同様に、穀物やヤム芋、米を聖餐的に食べるようになった。神人両性的な生贄［動物神］が人神の代替とされるに及んで、彼らはそれを食べるようになった。さらに彼らは、練り物で人間や動物の像を作り、これらを神でこしらえたものと見なし、同じく供犠し聖餐的に食べた。それから彼らは神の血を、南部地方では葡萄酒として、北部地方ではビールとして、インドではソーマ酒として飲んだのだった。もしこれら一連の推測が大枠で正しければ、全体として［キリスト教の］聖餐は食人的食神祭の残存に基づいているのである。

多くの場合、ポトラジ（Potraj）祭のように、儀礼執行祭司は神的生贄の血を飲むが、平信徒たちの方はその肉体を食べることのみ許される。それは顕著な事実である。

（訳了）

社会的存在である人間は、社会と個人との一致を確認するのに、個人を軸とするのでなく社会を軸にするという、一見転倒した思考方法をとる。例えばデュルケムによれば、ある民族神を崇拝する者はその名のもとに実は自己の所属する社会との自己同一を確認しているのであって、神とは自己やその集合力（社会）の転倒した表現なのである。神とは社会（諸個人の集合力）にほかならない、というデュルケム的見方からすれば、基層では人が神を生み出すのだが、表層では逆に神が人を生み出すのである。

こうした転倒はフェティシズムと呼ばれ、現代思想、特にマルクス主義においては悪しき現象と見なされ、批判・克服の対象とされてきた。しかしそのような現象は、見方を転じれば、近代的諸概念を産み出すのに積極的な役割を果たしてきたのである。例えば、同質的個人を前提とする国民ないし国民国家、あるいは民主主義、人権の概念は、こうした転倒なくしては成立しなかった。人は一方で「私は日本人であり、フランス人であるあなたとは違う」といい、同質的個人をナショナリティにもとめるが、他方では「私もあなたも、生まれながらにして同じ人間として自由で平等だ」といい、同質的個人を自然法にもとめる。こうした発想は「私はキリスト教徒であり、ユダヤ教徒であるあなたとは違う」とか「私もあなたも、生まれながらにして神の同じ被造物として自由で平等だ」といった前近代から持ち越された発想とどこかで通底している。ともに、諸個人はみななんらかの条件を前提にして同質なのだという虚構を必要としてきた。それ自身は中世的ないし近代的アイデンティティ確立には不可欠のものなのである。

ところで、二一世紀のこんにち、同質的国民といった近代的な転倒現象は、様々な領域で反転し始め、それに代わって二一世紀的な新しい転倒が発生し出している。それは、現代から未来へと向かうに際してのパラダイム・チェンジともいえる。

例えば、現代の我々の一夫一妻制の家族では、夫と妻がそのまま父親と母親になる。そうした家族像を、私たちは永遠の昔からの像として固定的に考えがちである。それほどに、家族というのは実体性を特徴としている。家族の核は父と母だが、じつはこの取り合わせはまったくの他人同士である。家族の中で父母は血のつながりがない。けれども、子どもたちは、父母を核として家族愛を深めていく。これに対して前近代（先史）の共同社会（氏族＝クラン）は、実体性でなく関係性を特徴とする。制度的にみて現代の家族では、父と母と子どもたちが一つ屋根の下に住んでいる。それに対してクランでは、制度的な観点からみて、夫婦はいっしょに住んでいない。子どもたちも生みの親に囲われていない。夫と妻、親と子という関係があるのであって、実体は捉えにくい。最も実体を捉えやすいのは産みの母と実の子である。とくに母親から娘へ、という系譜は捉えやすい。そこで、母系が家族形態の最初に来ることが多い。この形態は母とその兄弟（アヴンクルス）と子どもたち（甥姪たち）で構成される。父親は入らない。族外の存在である。したがって、家族という概念は父親とか父権とかの概念とともに生まれたと言える。人類社会はこうして、母権（母系）社会→母方オジ権社会（アヴンクラート）→父権社会、と変化してきた。その過程で、かけがいない夫婦愛というフィクションが形成された。家族一つをとってみても、このような価値転倒の歴史を持っている。そうした人類史的テーマを、本書では〔価値転倒の社会哲学〕と題して解説しきった。

ところで、私は一九七〇年頃から続行してきた〔価値転倒・地位転倒〕に関する社会思想史的・社会哲学的研究テーマを、この数年間でようやく一段落させることができた。これは、むろん最初から明確な課題としてあったわけでなく、次第に結晶してきたという性質のものである。

　私の研究歴を追跡すると、およそ二本の道筋（テーマ）が確認される。一つは行動における〔価値転倒・地位転倒〕であり、これはヴァイトリング研究に発し、カブラル研究に行き着く、いわば横倒しとなった世界史、あるいは多様化史観の探索である。いま一つは思索における〔価値転倒・地位転倒〕であり、これはフォイエルバッハ→シュトラウス→ド＝ブロスへと向かう、神々と自然、神々と人間の地位が回転する世界の探究である。あるいは社会と国家の地位が転倒する世界の発見である。

　ここに立つまでに、半世紀近くの歳月が費やされた。これは、ある意味で、わが研究歴におけるゴールである。と同時に、今後誰かが受け継ぐ研究の基礎に過ぎないことも確かだ。マックス・ウェーバーは『職業としての学問』の中で、学問する意義に触れて次のような発言をおこなっている。研究者は、全力を尽くして一つの学問上の Erfüllung（達成・成就）を為すことを使命としているが、しかしそのエァフュールンクは、つねに、彼のあとに続く研究者への「問題提出」となり、後継者による乗り越えの目標ともなる。したがって研究者の仕事は事実上終わりというものを持たない、と。ウェーバーのこの言葉は実に含蓄がある。学問研究に携わる者は、自己の仕事の完成に意を払いつつ、同時にそれがいつしか他者に乗り越えられ時代遅れになることを覚悟し、時にはそれを切望さえする。真摯な学問研究には、そのようなパラドキシカルな姿勢が要求される。なお、半世紀にわたる我が研究歴について、私は以下の文献に記した。石塚正英「歴史知の知平あるいは【転倒の社会哲学】、石塚正英研究生活五〇年記念誌編集委員会編『感性文化のフィールドワーク』社会評論社、二〇二〇年、所収。

　なお、表紙カバー写真について一言述べておく。これはナイアガラ滝である。私は、自らの研究生活五〇年を刻印する意図をもって、このたび〔ナイアガラ叢書三部作〕を社会評論社から刊行することにした。『学問の使命と知の行動圏域』（二〇一九）、『フォイエルバッハの社会哲学』（二〇二〇）、『価値転倒の社会哲学』（二〇二〇）である。叢書名の「ナイアガラ」について説明する。――アメリカ先住民の一つであるイロクォイ人はナイアガラ河の両岸流域に居住して部族連合を形成していたが、米英戦争（一八一二～一五）でアメリカとイギリス・カナダがナイアガラ河を境に激しく戦い、多くの先住民が犠牲となり、居住地区は両勢力によって分断された。私の社会哲学・社会思想史研究は、いまや、このイロクォイ人社会とその歴史に学問的なモチベーションを見出すに至っている。二〇一四年には観光船でシカゴ川からミシガン湖にいで、また、ナイアガラの滝壺近くに観光船で接近し、イロクォイ社会の息吹を肌で感じ、「母方オジ権と歓待の儀礼――ハイダ人社会とイロクォイ人社会」（世界史研究論叢、第五号、二〇一五・一〇）を発表している。

最後になったが、本書を刊行するにあたり、社会評論社の松田健二社主、編集担当の板垣誠一郎氏にはさまざまなご高配を頂戴した。ここにあつくお礼を述べ、ふかく謝意を表したい。

二〇二〇年四月　新型コロナウイルスのパンデミックにみまわれる日々

感性文化研究室〔頸城野のアトリウム御殿山〕にて

石塚正英

初出一覧（いずれの稿も、再録にあたってわずかながら修正・補筆を施してある）

＊第一章　『フェティシズムの思想圏――ド＝ブロス・フォイエルバッハ・マルクス』（世界書院、一九九一年）第一章

＊第二章　『フェティシズムの思想圏――ド＝ブロス・フォイエルバッハ・マルクス』第三章

＊第三章　『フェティシズムの信仰圏――神仏虐待のフォークロア』（世界書院、一九九三年）第二章第一節

＊第四章　『フェティシズムの信仰圏――神仏虐待のフォークロア』第二章第二節

＊第五章　『フェティシズムの信仰圏――神仏虐待のフォークロア』第二章第三節

＊第六章　『フェティシズムの信仰圏――神仏虐待のフォークロア』第二章第四節

＊付録資料　『社会思想史の窓』（社会思想史の窓刊行会）第一二四号、二〇〇〇年九月

著者紹介

石塚正英（いしづか まさひで）

1949年、新潟県上越市（旧高田市）に生まれる。

立正大学大学院文学研究科史学専攻博士後期課程満期退学、同研究科哲学専攻論文博士（文学）。

1982年～、立正大学、専修大学、明治大学、中央大学、東京電機大学（専任、2020年3月退職）歴任。

2008年～、NPO法人頸城野郷土資料室（新潟県知事認証）理事長（現在に至る）。

主要著作

○叛徒と革命―ブランキ・ヴァイトリンク・ノート、イザラ書房、1975年
○〔学位論文〕フェティシズムの思想圏―ド＝ブロス•フォイエルバッハ•マルクス、世界書院、1991年
○石塚正英著作選【社会思想史の窓】全6巻、社会評論社、2014-15年
○革命職人ヴァイトリング―コミューンからアソシエーションへ、社会評論社、2016年
○地域文化の沃土 頸城野往還、社会評論社、2018年
○マルクスの「フェティシズム・ノート」を読む―偉大なる、聖なる人間の発見、社会評論社、2018年
○ヘーゲル左派という時代思潮―A. ルーゲ／L. フォイエルバッハ／M. シュティルナー、社会評論社、2019年
○アミルカル・カブラル―アフリカ革命のアウラ、柘植書房新社、2019年
○学問の使命と知の行動圏域、社会評論社、2019年
○フォイエルバッハの社会哲学―他我論を基軸に―、社会評論社、2020年
○感性文化のフィールドワーク―石塚正英研究生活50年記念―、石塚正英研究生活50年記念誌編集委員会編、社会評論社、2020年

価値転倒の社会哲学

—ド＝ブロスを基点に—

2020年5月1日初版第1刷発行
著　者／石塚正英
発行者／松田健二
発行所／株式会社　社会評論社
〒113-0033　東京都文京区本郷2-3-10　お茶の水ビル
電話　03（3814）3861　FAX　03（3818）2808
印刷製本／倉敷印刷株式会社
ご意見・ご感想お寄せ下さい　book@shahyo.com